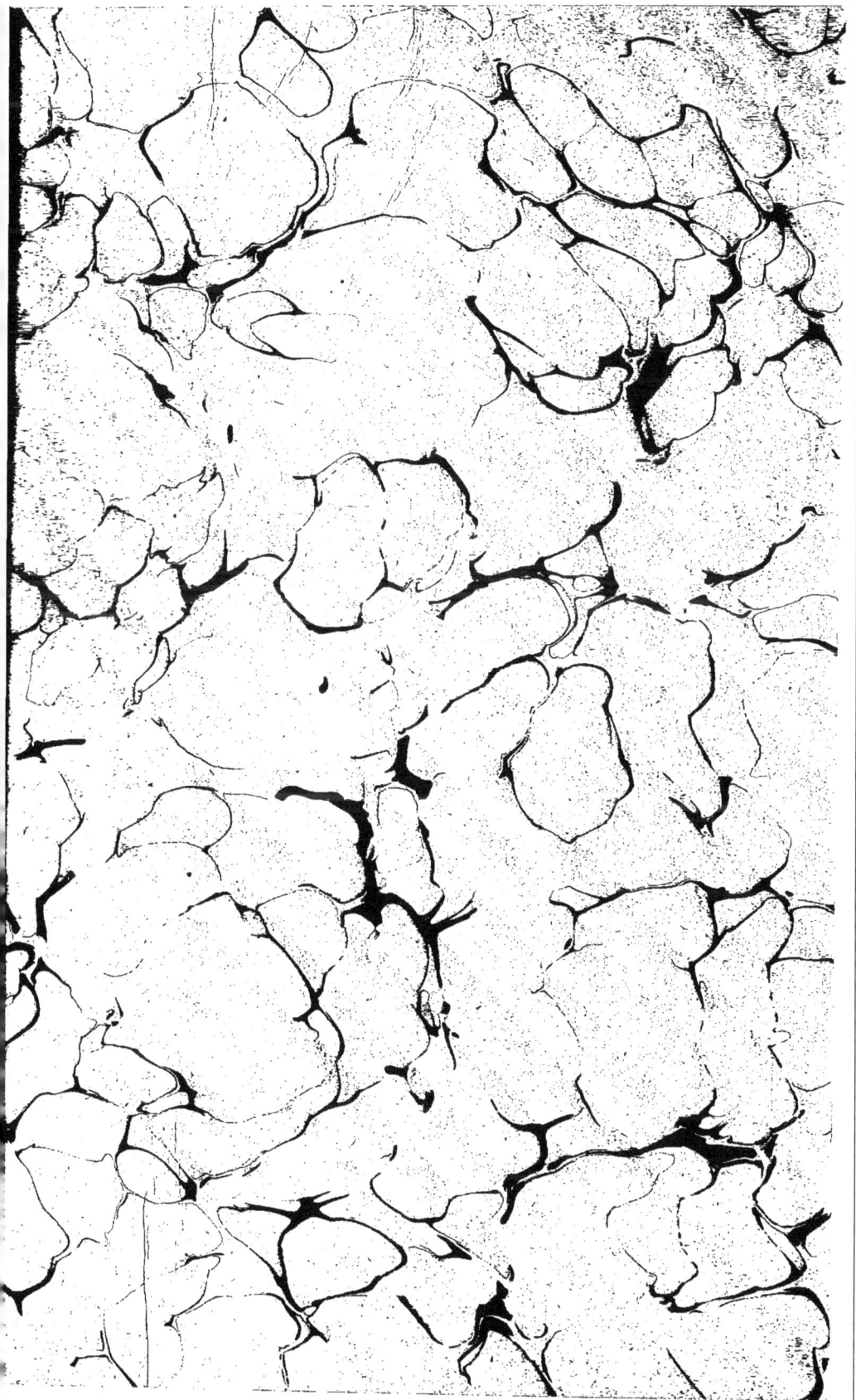

DROIT ET LIBERTÉ

L'ENFANT
NÉ HORS MARIAGE

RECHERCHE DE LA PATERNITÉ

PAR ÉMILE ACOLLAS

> S'il est une loi qui m'a paru la honte de la civilisation, c'est celle qui interdit la Recherche de la Paternité, qui met ainsi le sexe le plus faible à la discrétion du plus fort et permet à l'homme de chasser celle qu'il a séduite, avec le fruit de ses entrailles.
>
> Plaidoirie de Me JULES FAVRE, aff. Armand. (*Droit* du 26 mars 1864.)

PARIS

SAUSSET, LIBRAIRE-ÉDITEUR

12, GALERIE DE L'ODÉON, 12

1865

L'ENFANT

NÉ HORS MARIAGE

(C.)

DROIT ET LIBERTÉ

L'ENFANT

NÉ HORS MARIAGE

RECHERCHE DE LA PATERNITÉ

PAR ÉMILE ACOLLAS

S'il est une loi qui m'a paru la
honte de la civilisation, c'est celle qui
interdit la Recherche de la Paternité,
qui met ainsi le sexe le plus faible à
la discrétion du plus fort et permet à
l'homme de chasser celle qu'il a séduite, avec le fruit de ses entrailles.

Plaidoirie de Me JULES FAVRE,
aff. Armand. (*Droit* du 26 mars 1864.)

PARIS

SAUSSET, LIBRAIRE-ÉDITEUR

12, GALERIE DE L'ODÉON, 12

1865

L'ENFANT

NÉ HORS MARIAGE

RECHERCHE DE LA PATERNITÉ

J'élève la voix pour un des intérêts de justice
et d'humanité les plus considérables de ce temps;
je me présente au nom de toutes les femmes
abusées, entraînées ou éblouies que précipitent
de fausses promesses, l'illusion de leur propre
cœur, l'enivrement de la jeunesse, les sugges-
tions de la misère, la lâcheté, l'ignominie du vice
pauvre ou opulent, poussant du pied ce qu'il

a flétri; je me présente au nom de cinquante mille enfants naissant chaque année privés d'état civil (1), le plus grand nombre par le crime de leurs parents, aidé de la complicité de la loi; les autres par la volonté directe de la loi même, qui s'impose. Je viens demander à la société de proclamer que dans l'union, accomplie en dehors de son institution, l'homme a sa part de responsabilité; de reconnaître, de garantir à cinquante mille enfants le droit à une assistance indispensable à notre indigence native, le droit d'être nourris, élevés, développés d'esprit, de cœur par ceux dont ils tiennent la vie; le droit de n'être point fatalement les victimes préférées de la mort, des infirmités, de la misère; le droit de ne point peupler de préférence les bagnes et monter de préférence sur les échafauds. Je viens réclamer la réformation d'une de nos plus gran-

(1) Ce chiffre résulte d'une note de la division de la statistique générale de France qu'a bien voulu nous transmettre M. le ministre de l'agriculture, du commerce et des travaux publics.

des iniquités sociales, une iniquité que ne connaissent ni l'Angleterre, ni la Prusse, ni l'Autriche, ni même la Russie! (1) la suppression d'un de nos périls, l'effacement de notre législation civile du honteux article qui interdit la recherche de la paternité, et, dans une société fille de la Révolution, met plus de quinze cent mille Français, pour le hasard de leur naissance, hors la loi, hors le droit.

Utilitaires, hommes convaincus ou feignant de l'être, théoriciens ou gens frivoles, moralistes expérimentés, que la sainte horreur du péché n'en a point préservés toujours, mais qui toujours eûtes la vertu d'en répudier toutes les suites, disciples en cette matière du conquérant que l'adulation a nommé l'auteur du

(1) Il ne s'agit point pour la France d'imiter; 89 l'a faite le pionnier de l'idée et de la philosophie sociale; à elle d'affirmer le droit absolu de l'enfant né hors mariage, de connaître son père et sa mère; celui de la femme trompée, de rechercher l'auteur de sa grossesse; à elle aussi de trouver la meilleure formule légale de ce double droit.

Code (1); si l'argument de la justice ne suffit pas à vous rallier, je m'engage à ne vous laisser, même à votre propre point de vue, que la ressource des mauvaises passions (2).

(1) Le temps des *Odes à la Colonne* et du *Souvenez-vous-en, grand-mère,* est, Dieu merci! passé. La légende, en voie de se former, n'existera pas ; l'histoire aura sa justice.

Le moment est venu de démonter pièce à pièce le colosse ; le génie militaire de Napoléon s'impose ; loin de nous la pensée de provoquer une révision sur ce point. Que fût-il comme politique, comme législateur, comme économiste, comme écrivain et comme savant même? C'est cet examen qu'il importerait d'entreprendre, et qu'en ce qui nous concerne nous commençons aujourd'hui pour le Code qui porte son nom.

Les grands hommes qui doivent leur renommée à l'emploi heureux de la force sont tels par leur valeur propre, par le concours des circonstances qui aident singulièrement à les faire ce qu'ils deviennent, par l'admiration béate qui se plaît à les transformer en êtres surhumains ; que l'on s'approche, et de l'idole devant laquelle on s'était prosterné que restera-t-il ? Une statue colossale, c'est possible, mais en même temps difforme.

(2) Il a paru dans ces derniers temps, à Paris, une brochure sans nom d'auteur, qui dénonce le violateur des libertés de son pays, le prince Cousa, comme coupable d'avoir assimilé les enfants nés hors mariage aux enfants légitimes. Nous ne sommes point au courant des réformes du prince Cousa, mais nous répudions à priori toute solidarité avec ses doctrines, non moins qu'avec celles de l'auteur de la brochure.

DÉMONSTRATION

PAR LE POINT DE VUE DE L'HISTOIRE (1).

Quatre grandes périodes partagent l'histoire de la civilisation : la première, qu'on peut appeler la période orientale et qui comprend l'histoire de l'Inde ancienne, de la Perse et de l'Égypte, les Chinois restant à part et les Hébreux n'entrant que tardivement dans le mouvement général; la seconde, embrassant le monde gréco-romain; la troisième, qui ren-

---

(1) Nous tenons à constater, dès le début de ce travail, tout ce que nous devons à l'obligeante communication qu'a bien voulu nous donner M. Kœnigswarter, correspondant de l'Institut, de son livre, aujourd'hui épuisé, sur les enfants nés hors mariage. Plus nos vues sont différentes de celles de l'auteur, plus nos idées et nos conclusions sont en contradiction avec les siennes, plus nous avons à cœur de rendre hommage à une érudition dont nous avons fait notre profit, à une urbanité dont les témoignages se sont répétés.

ferme le moyen âge et ce qu'on est convenu
tout arbitrairement de nommer l'histoire moderne (1); enfin la quatrième, qu'inaugurent

(1) L'idée du droit de l'homme, en tant qu'homme, l'idée du
droit de l'homme complet, son propre pape, son propre empe-
reur, véritable phare de l'histoire, jette des lueurs dès le moyen
âge; elle n'entre en possession de l'esprit humain et du monde
qu'à la Déclaration des droits de l'homme.

Les périodes de l'histoire sont les étapes de l'humanité en
quête de cet idéal et de sa réalisation. A ce point de vue, la
Réforme elle-même, cette grande restitution du droit religieux
individuel perdu depuis l'avénement du christianisme, a beau
avoir été une des commotions les plus considérables et les plus
salutaires de l'histoire, elle ne peut servir de date à une de ces
phases où l'homme a conquis une notion nouvelle et un progrès nouveau de son droit : « Luther », comme l'a dit excel-
lemment l'illustre Michelet (*Mémoires de Luther*. Introduction),
« remit en marche l'esprit humain à l'instant même où il
croyait le reposer sur l'oreiller de la grâce... Cet homme,
qui fit de la liberté un si énergique usage, a ressuscité la théorie augustinienne de l'anéantissement de la liberté; il a immolé
le libre arbitre à la grâce, l'homme à Dieu, la morale à une
sorte de fatalité providentielle. » Les titres de la Réforme et de
Luther sont, toujours d'après Michelet, « d'avoir signé de leur
nom la grande révolution qui légalisa en Europe le droit
d'examen ». Restitution plutôt que révolution; restitution
inconséquente, car elle n'allait point jusqu'à permettre de
mettre en question la Révélation; révolution incomplète, car
elle né proclamait, en le mutilant, que le droit religieux.

le dix-huitième siècle et la Révolution fran-
çaise.

A la première correspondent : d'une part, au
point de vue social, le régime des castes, c'est-
à-dire de ces divisions fatales et irrévocables,
en quelque sorte pétrifiées, dit Gans, qui im-
mobilisent chaque homme dans la classe où il
est né ; d'autre part, au point de vue de la famille, la polygamie.

Il faut ajouter l'esclavage comme troisième
trait dominant l'ensemble.

En même temps que le régime des castes et
l'esclavage fondent l'organisation sociale sur la
plus monstrueuse inégalité qui fût jamais, et
qui corrompt jusqu'à la famille en enlevant à
la femme, dans l'Inde au moins, tout gouvernement d'elle-même (1), la polygamie tend à
établir l'égalité entre les enfants.

---

(1) *Manou*, liv. V, p. 148. Pendant son enfance, une femme
doit dépendre de son père ; pendant sa jeunesse, elle dépend
de son mari ; son mari étant mort, de ses fils ; si elle n'a pas

Aussi, sans qu'il soit possible de pénétrer dans tous les détails de l'organisation des antiques sociétés de l'Orient (1), peut-on affirmer que la distinction entre les enfants légitimes et les naturels y était nulle ou à peine prononcée.

La Chine et la Judée ne font pas exception sur ce point.

C'est ce même esprit qui règne aujourd'hui encore dans les législations arabe et turque.

Le monde gréco-romain élargit son point de vue social; à la caste il substitue la cité; mais il laisse en dehors du droit l'esclave et

de fils, des proches parents de son mari, ou, à leur défaut, de ceux de son père; si elle n'a pas de parents paternels, du souverain : une femme ne doit jamais se gouverner à sa guise.

(1) Il y a un siècle à peine que l'héroïsme d'Anquetil-Duperron et l'érudition des Colebrooke, des William Jones, des Wilkins, des Bopp, des Lassen et des Burnouf nous ont révélé l'Orient; les résultats acquis sont considérables; l'Orient est entré dans l'histoire; Gans, au point de vue des lois de succession, a dégagé l'esprit de ces civilisations; mais les institutions particulières restent, on le conçoit, difficiles à connaître et à apprécier.

l'étranger; il fait du mariage monogame la base nouvelle de la famille.

D'Aguesseau constate pour le droit grec l'existence d'une première période où les bâtards sont assimilés aux enfants légitimes; c'est l'époque des Hercule, des Thésée, des Achille, des Pyrrhus, etc. Mais bientôt l'enfant né hors mariage devient à Athènes même, dans la cité initiatrice du monde ancien, un être de nature inférieure (1).

Du reste, l'antiquité orientale et l'antiquité grecque n'admettent-elles point l'une et l'autre l'exposition des enfants! Aristote n'est-il point d'avis qu'il doit y avoir une loi pour défendre d'en élever aucun qui soit estropié, et la loi des Douze Tables, à Rome, ne permettait-elle point d'étouffer les enfants difformes?

Le droit de l'enfant n'existe donc point en réalité dans les sociétés antiques; aussi, que

(1) D'Aguesseau, *Dissertation sur les bastards*, œuvres complètes, t. VII.

ces sociétés acceptent la polygamie ou qu'elles pratiquent le mariage monogame, la question de la recherche de la paternité naturelle ne peut même y être posée; elle y disparaît sous le monstrueux amas d'iniquités qui font obstacle à l'idée du droit.

Cependant, grâce à l'influence du préteur et de la philosophie stoïcienne, un germe de progrès est déposé dans le droit romain; l'enfant né de l'union tolérée par la loi sous le nom de concubinat (*liber naturalis*), et l'enfant vulgairement conçu (*vulgo conceptus, spurius*), sont rattachés à la famille de la mère; à l'époque de l'empire, ils ont en outre le droit de réclamer des aliments à leur père.

Le droit canonique, du point de vue mystique où il est placé, ne peut qu'être défavorable à l'enfant né en dehors du mariage. Qu'est-ce, en effet, que le mariage au point de vue de la théologie chrétienne? Un sacrement, devenu l'étrange symbole de l'union de Jésus-Christ avec son Église; aussi l'idée du droit canonique n'est certainement pas douteuse. Ne lit-on pas dans une décrétale du pape Alexandre III, adressée à l'archevêque de Tours, ces paroles caractéristiques : « *Consultationi tuæ totaliter respondemus quod neque spurios, neque servos ordinare debes* (1). »

(1) Quel éloge plus souvent renouvelé au christianisme que celui d'avoir proclamé l'égalité et aboli l'esclavage, et quel plus frappant exemple de ces contre-vérités qui s'accréditent à force d'être répétées.

Certes, on peut soutenir, l'Évangile à la main, que Jésus ne reconnaissait que des égaux dans la société religieuse; de même qu'on peut, avec autant de facilité, soutenir le contraire.

Quant au christianisme, à cette doctrine si peu semblable à elle-même dès l'origine, quant à ces dogmes si divers et parfois si contradictoires, réunis sous une expression commune, on aurait beau distinguer, comme le grand philosophe Schelling, entre le christianisme de saint Paul et celui de saint Jean, entre celui des Pères de l'Église latine et celui des Pères de l'Église grecque, elle restera la forte démonstration d'un des écrivains les plus amis du demi-jour et les plus éminents de la presse périodique et de la littérature actuelle, d'un des cœurs les plus dévoués à la vérité et les plus sympathiques, de M. Eugène Despois. Qu'on suive le christianisme de saint Paul et de saint Augustin jusqu'à Bossuet et Fénélon, en passant par saint Thomas, et de nos jours jusqu'à M. l'abbé Carrière

Il y a loin de cette décrétale au beau texte de
Papinien : « *Nihil enim impedienda est dignitas
ejus qui nihil admisit.*» (6 pr. D., *De decur*, l. 2.)

Cependant, si la logique du christianisme le
conduit à réagir contre le droit romain ; si des
textes formels déclarent l'enfant naturel étranger
à la famille du père ; si l'esprit du droit canonique l'exclut de celle de la mère, le principe de
charité maintient aux enfants naturels simples

(*De justitiâ et jure*, Méquignon jeune. Paris, 1839) et à
Mgr l'évêque Bouvier (*Instructions théologiques* et *Conférences
d'Angers*), la conclusion sera la même : le christianisme, loin
d'avoir aboli l'esclavage, en a proclamé la légitimité.

Il ne saurait y avoir lieu pour nous d'aborder même inci-
demment cette thèse, quelque corrélation qu'elle présente par
certains côtés avec notre sujet; ceux qui veulent être rensei-
gnés n'ont qu'à recourir au beau travail de M. Despois (Revue
l'Avenir, 2,16,23 décembre 1855) devenu rare malheureusement et que l'auteur doit à l'esprit de libre examen de réim-
primer et de continuer; mais on a cité le pape Alexandre III
dans cette discussion; Voltaire, tant accusé de partialité, lu
attribue d'avoir aboli l'esclavage, et voilà justement un texte
qui, même au point de vue de la société religieuse, consacre
l'irrémédiable déchéance du bâtard et de l'esclave, leur double
fraternité de misère et d'opprobre, même devant l'Église.

Dans son *Histoire de l'esclavage*, un des monuments de ce

le droit aux aliments, et l'étend même aux enfants adultérins et incestueux.

Les législations les plus rigoureuses ne res-
teront pas désormais en deçà de cette limite ;
aucune n'imaginera, plaçât-elle l'enfant naturel en dehors de toutes relations de famille,
de lui enlever le droit de se faire reconnaître
pour obtenir au moins la subsistance.

temps, M. Wallon a beau être animé du désir de conserver au
christianisme la gloire d'avoir émancipé l'esclave, il reconnaît,
avec la haute impartialité qui convient à son talent et à son
savoir, que les doctrines de saint Augustin ramenaient *à la légitimité de l'esclavage, non pas seulement comme fait individuel,
mais comme état permanent* ; cependant il ajoute : « La religion
qui apportait avec elle ce danger, avait mis à côté le remède :
Si l'homme, pour son péché, avait été condamné à l'esclavage,
Jésus-Christ était venu détruire cette suite du péché. Il l'avait
racheté au prix de son sang, et désormais maîtres ou serviteurs,
libres ou esclaves, tous étaient ses esclaves, ses obligés, ses
affranchis, ses enfants : tous, frères en Jésus-Christ, revenaient
par cette génération nouvelle à la primitive égalité. »
    La décrétale d'Alexandre III n'est-elle pas la condamnation
formelle de l'idée de M. Wallon ? Non-seulement le christianisme n'a point aboli le fait social de l'esclavage et l'a légiti-
mé, mais l'Église a refusé à l'esclave comme au bâtard l'égalité
devant le sacrement de l'Ordre !

2

C'est ainsi que le droit germanique qui, par
une curieuse coïncidence, proclame également
que l'enfant naturel est un étranger, soit par
rapport au père, soit par rapport à la mère,
consacre, comme les décrétales, son droit à des
aliments.

Partout où règne l'influence de ces deux législations, l'enfant naturel a beau être regardé
comme un indigne de naissance ; on a beau en
faire un véritable paria, non-seulement de la
famille, mais encore de la société où il est serf ;
en vain même est-il vrai, dans une certaine
mesure, de dire qu'il n'a jamais été aussi mal-
traité qu'au moyen âge ; ni l'Église, ni le droit
germanique ne subordonnent la vie matérielle
de l'enfant au bon plaisir du père ou de la
mère.

Donc deux idées s'accusent : l'une, celle du
droit romain, qui admet l'enfant naturel dans
la famille de la mère ; l'autre, celle de la législa-
lation canonique et du droit germanique, qui

l'en repousse, toutes deux se réunissant en un point, le droit de recherche contre le père et la mère en vue d'assurer la subsistance de l'enfant (1).

Ces deux systèmes constituent le droit commun, en dehors duquel il faut placer, dans un monde de force et de privilége, les bâtards des rois, des princes et des grands ; quant à ceux des prêtres, le droit canonique, constatons-le,

(1) N'est-il pas, en vérité, étrange qu'un des prélats les plus justement honorés et les plus savants de l'Église de France, Mgr le cardinal Gousset, oubliant ces antécédents, ait écrit sur l'article 340 la note suivante où sont resassés les lieux communs usuels contre la recherche de la paternité ? « Les mœurs, dit Mgr Gousset, réclamaient la disposition de cet article. Les recherches de paternité exposeraient les tribunaux aux débats les plus scandaleux, aux jugements les plus arbitraires, à la jurisprudence variable. L'homme dont la conduite serait la plus pure, celui même dont les cheveux auraient blanchi dans l'exercice de toutes les vertus, ne seraient point à l'abri des attaques d'une femme impudente ou d'enfants qui lui seraient étrangers ; et ce genre de calomnie laisserait toujours les traces les plus affligeantes. » (Abbé Th. Gousset. *Code civil expliqué.*) Évidemment M. Gousset, en écrivant ces lignes, pensait à la maxime *Virgini parturienti creditur*; mais que fait-il du principe même de charité ?

ne s'émeut point en leur faveur et leur applique la même règle qu'à tous les autres enfants naturels (2).

Mais, en regard de l'idée romaine et de l'idée canonique ou germanique, brille, trop vite étouffée, chez la race qui révéla l'égalité à l'Occident, la véritable lueur du droit.

« Partout, chez les nations celtiques, les bâtards succédaient même comme rois, comme chefs de clans. » dit Michelet (1).

Le plus étonnant n'est pas qu'ils succèdent en qualité de chefs, mais bien qu'ils soient admis comme enfants au partage des biens du père. C'est pourtant ce dont témoignent les lois de Hywel Dda et la coutume du Gabail Cine, appliquée en Irlande jusque sous Jacques Ier.

---

(1) « Filii presbyterorum et cæteri ex fornicatione nati ad sacros ordines non promoveantur, nisi aut monachi fiant, aut in congregatione canonica regulariter viventes..... Præsentationem vero nullam tenus habeant. (Decret., tit. *De filiis presbyterorum ordinandis vel non*, ch. Ier.)

(2) Michelet, *Histoire de France*, t. Ier, p. 122.

Les triades de Dynwall Mœlmud consacrent en outre le principe de la recherche de la paternité et en organisent la procédure.

« En France, les bâtards des personnes du commun, ainsi s'exprime d'Aguesseau, sont serfs avant saint Louis; ils sont soumis aux droits de chevage et de formariage, comme les autres mainmortables. »

Ce n'est guère même qu'au temps de François Ier, selon le témoignage de Dumoulin sur la coutume du Maine et de l'Anjou, que les bâtards sont réputés entièrement libres. Ils n'en restent pas moins traités avec une extrême défaveur, grâce à l'esprit des lois canonique et germanique, qui l'emporte.

Cependant le droit français admet, comme le droit canonique, la recherche de la paternité en vue d'assurer des aliments aux enfants naturels, même adultérins et incestueux.

Chose remarquable en effet, et surtout frappante dans les législations actuelles, qu'il n'y

ait nulle corrélation entre l'étendue des droits
que ces législations reconnaissent aux enfants
naturels et le plus ou moins de faveur qu'elles
accordent à la recherche de la paternité ; tandis
qu'aujourd'hui la plupart ont adopté le principe du droit de recherche, celles-là mêmes qui
se montrent le mieux disposées à en faciliter
l'exercice restreignent ensuite l'enfant naturel
à la simple faculté de réclamer ce qui lui est
nécessaire pour les besoins de la vie physique;
et il arrive, au contraire, que celles qui repous-
sent cette recherche traitent avec une certaine
libéralité les enfants naturels volontairement
reconnus.

Les unes et les autres s'inspirent évidemment
d'une double idée : l'enfant naturel, pour les
premières, a son droit comme être humain,
mais il porte en lui un principe d'indignité, il
est atteint d'une inégalité originelle qui l'exclut
de la famille et en fait dans la société un être
inférieur ; les secondes semblent reconnaître

que le droit de l'enfant naturel vaut en soi celui de l'enfant légitime, et si, par une incroyable inconséquence, elles défendent la recherche de la paternité, arrivant ainsi jusqu'à nier le droit humain de l'enfant naturel, ou si, la paternité volontairement reconnue, elles créent des différences dans les droits de succession entre l'enfant naturel et l'enfant légitime, tout en faisant à l'enfant naturel une part qui peut dépasser de beaucoup le droit aux aliments, c'est qu'elles procèdent, à ce point de vue, d'une pensée d'intérêt social : celle d'empêcher une recherche qu'elles réputent scandaleuse et de sauvegarder le principe et la dignité du mariage.

Toujours est-il que le droit français d'avant 1789 adopte le premier point de vue, et que, sans doute à cause de l'influence mélangée du droit canonique et du droit germanique, il abandonne l'idée relativement libérale du droit romain.

La recherche de la paternité, entraînant à sa suite le droit aux aliments, n'en était pas moins, point de vue à part, un germe fécond.

Qu'y avait-il à faire pour le développer? Il y avait à reprendre la tradition du droit romain, à l'élargir en la combinant avec la tradition celtique, à proclamer qu'il n'y a pas de moyen terme entre la négation absolue du droit de l'enfant naturel coupable d'avoir reçu la vie, méritant pour cette faute d'être rejeté non pas seulement de la famille et de la cité, mais de l'espèce elle-même, objet de mépris ou de pitié, mis en dehors de toute règle et de toute loi, et l'affirmation de son égalité avec l'enfant légitime, de son droit de faire partie, comme l'enfant légitime, des trois grands milieux où l'homme vit et se perfectionne, l'humanité, la cité, la famille.

Au lieu de cela, qu'a-t-on fait? qu'a fait le Code de 1804 ou, pour mieux dire, la pensée

ıersonnelle de Napoléon (1)? La chose la
plus insensée, la plus contraire à toute tradition, la plus antipathique à toute logique, la
plus disparate et la plus monstrueuse? On a
soudé l'idée romaine à l'idée celtique, l'idée de
l'égalité et de la Révolution à cette négation du
droit, que l'antiquité elle-même, ce lieu de rencontre de toutes les formes de l'inégalité, l'an-

(1) Afin qu'on ne nous accuse pas de faire peser sur Napoléon
seul une accusation qui devrait être dirigée contre le conseil
d'État tout entier, délibérant sur l'article 340, nous renvoyons
au procès-verbal officiel de la séance du 26 brumaire an X. On
y verra que les conseillers d'État, après s'être mis d'accord,
malgré l'opposition de M. Defermon, sur le principe de la
prohibition, l'étaient également, malgré la dissidence de
M. Boulay, sur la nécessité d'admettre des exceptions plus ou
moins larges. Le premier consul prend la parole; il se pro-
nonce contre toute exception, même en cas de rapt ou de viol,
et il émet ces deux aphorismes :

1º La loi doit punir l'individu qui s'est rendu coupable de
viol, mais elle ne doit pas aller plus loin ;

2º La société n'a pas intérêt à ce que des bâtards soient
reconnus.

Le Conseil adopte en principe que l'article 6 ne recevra pas
d'exception. Locre, t. 6, p. 116-123. Voir du reste l'*Appendice*.

tiquité antihumaine (1), mais au moins consé-
quente cette fois, n'avait admise que comme
une règle applicable tout aussi bien à l'enfant
légitime qu'à l'enfant naturel, que le christianisme lui-même, le christianisme du sacrement
et du symbole, en faisant de l'enfant naturel
un être inférieur dès le sein de sa mère, n'avait
accueillie pour la famille et pour la cité qu'en
ne la poussant point jusqu'à sa conséquence
extrême, en n'osant point aller jusqu'à exclure
l'enfant naturel de l'humanité rachetée; oui,
on a fait cette chose énorme et impie, qui sem-
blait impossible depuis le droit prétorien, et
qu'il était réservé au vainqueur impuissant et
éphémère de la Révolution d'inaugurer dans le
monde.

Comment un tel renversement de sens moral

(1) En stigmatisant ainsi l'antiquité, nous n'entendons parler que des institutions sociales, exception faite pour le droit
prétorien à Rome et pour celui des jurisconsultes; nous n'oublions point le grand mot : *Homo sum: nil humanum a me alie-
num puto!*

et d'idées est-il devenu possible? Comment un tel mélange du juste et de l'injuste est-il devenu praticable? Sous l'influence de quelles causes particulières le flambeau de la tradition, de l'idée nouvelle de 89, du droit enfin, a-t-il pu s'éteindre assez complétement pour qu'on ne reconnût pas cet alliage inouï de deux principes antagonistes? C'est à une question de preuve qu'il faut rapporter historiquement la première origine de ces ténèbres et de la prohibition légale de la recherche de la paternité.

Une présomption restée célèbre, cause de perturbations véritables et de dangers sociaux sérieux, a fini par entraîner dans sa chute le principe sacré du droit pour l'enfant de rechercher son père.

Qui ne connaît l'étrange maxime *Virgini parturienti creditur*, cette pensée qu'une femme en proie aux douleurs de l'enfantement n'altérera pas la vérité, si on l'interroge sur l'auteur de sa grossesse? Règle pénétrée de l'esprit d'une

époque qui, en matière criminelle, soumettait
l'inculpé à l'inquisition de la torture, espérant
arracher ainsi l'aveu de la faute et la désigna-
tion des complices.

Toutes les attaques dirigées chez nous contre
la recherche de la paternité, tous les abus
qu'on y a rattachés, tous les scandales qu'on a
présentés comme la conséquence de cette recherche dans l'ancien droit, à quoi se réfèrent-
ils? Uniquement à la présomption barbare et
absurde *Virgini parturienti creditur.*

Il est vrai que de bonne heure la vigilance de
nos rois, leur moralité, leur piété, en tempéra
l'application.

Déployant à l'égard des filles enceintes une
juste sévérité, l'amant de Diane de Poitiers, de
la maîtresse de son père (1), Henri II, ouvre la

(1) On dit que le roi François Ier, qui, le premier, avait aimé
Diane de Poitiers, lui ayant un jour témoigné quelque déplai-
sir, après la mort du dauphin François, du peu de vivacité
qu'il voyait en ce prince Henri, elle lui dit « qu'il falloit le
rendre amoureux et qu'elle en vouloit faire son galant ». (*Le*

marche (édit de février 1558) (1) : les filles du peuple seront tenues de révéler leur grossesse, et, outre la terrible peine qu'elles encourent faute d'obéir, elles sont déchues du bénéfice de la maxime *Virgini parturienti.*

Henri III et ses mignons confirment cette sage ordonnance (1586) (2).

A son tour le continent Louis XIV, à l'heure où sa triste vieillesse s'affaisse de plus en plus sous la domination du jésuite Letellier et de la veuve de Scarron (25 février 1708) (3) renouvelle les édits de ses ancêtres, et le vertueux monarque

Laboureur, addition aux *Mémoires de Castelnau*, t. Ier, p. 270.) Dans une fête donnée dans les bois de la Berlaudière, près de Chatellerault, en 1541, sous le titre de Tournoi des Chevaliers errants, le Dauphin prit les couleurs de Diane et tint un pas en son honneur. « Il ne faut pourtant pas oublier, ajoute Henri Martin, pour juger de la moralité de la maison royale, qu'il y avait sous toute cette chevalerie une espèce d'inceste; le fils avait hérité de l'ancienne maîtresse de son père. (Henri Martin, *Hist. de France,* t. VIII, p. 267,268, note 2.)

(1) Voir l'*Append ce.*
(2) Ce te ordonnance manque dans la collection Isambert.
(3) Voir l'*Appendice.*

mànque de termes pour flétrir comme il voudrait le crime de donner la vie à un enfant naturel, et surtout de l'exposer à mourir sans le saint baptême.

A la suite des rois les jurisconsultes viennent. Pothier ne nous parle plus de la vieille présomption ni des correctifs barbares et hypocrites que la royauté y a mis; malheureusement le naïf et sincère Pothier pose une règle presque aussi dangereuse et aussi peu raisonnable que la maxime *Virgini parturienti*.

Il suffira à la fille, selon lui, de prouver qu'un homme s'est permis quelques familiarités ou privautés envers elle pour qu'il soit présumé être le père de son enfant, et condamné en conséquence à s'en charger.

On conçoit toute l'incertitude, tous les périls de pareilles preuves; la richesse, la position sociale, devenant le point de mire de mille femmes éhontées, se trouvèrent livrées sans défense, non pas même aux recherches (ce terme cesse d'être exact pour l'ancienne législation), mais aux désignations les plus inopinées, les plus menaçantes, les plus capables de porter atteinte à la sécurité de chacun.

C'est contre cet état de choses et non contre la recherche de la paternité que s'élevait avec tant d'énergie l'avocat général Servan, dans un discours (1) dont on a voulu faire un des appuis de l'article 340.

C'est aussi contre ce fléau que fut dirigée la législation de la Révolution, et notamment le décret du 12 brumaire an II (2).

Dans l'exposé des motifs, Cambacérès, nature inconsistante et vaine, mais jurisconsulte éminent et libre alors du joug de Napoléon, Cambacérès n'allait-il point jusqu'à admettre comme l'idéal réalisable des législations posi-

(1) Nous citons ce discours dans l'*Appendice*; il prouvera en même temps que la phraséologie et la déclamation des réquisitoires ne datent point d'hier, et que notre temps, à cet égard, n'a rien à envier à l'ancien régime.

(2) Voir l'*Appendice*.

tives l'assimilation de l'enfant même adultérin
ou incestueux à l'enfant légitime? (1)

Et le décret de brumaire n'accordait-il pas,
en effet, à l'enfant naturel simple cette assimilation, et à l'enfant adultérin ou incestueux le
tiers de la part d'un enfant légitime à titre d'a-
liments?

Étrange fortune, en vérité, que celle de cette
législation ! En même temps que les ennemis
nés de l'œuvre de la Révolution, que l'esprit de
routine et d'ignorance, la niaiserie superficielle,
la légèreté insouciante, répétant le jugement
d'autrui, en ont indignement calomnié la pensée
et l'ont présentée comme un encouragement aux
filles mères, on enseigne, sans prendre garde à
l'énormité de la contradiction, qu'il faut rapporter à cette loi, inspirée de la plus haute idée
de justice sociale, l'origine du principe inique
de l'interdiction de la recherche de la paternité.

(1) Voir l'*Appendice*.

Restituons à chacun ses actes. La Convention n'a pas plus failli à sa tâche pour les enfants naturels et pour la recherche de la paternité, que pour toutes les institutions qu'elle a marquées de son immortelle empreinte ; elle n'a point porté d'interdiction, elle a posé une règle certainement insuffisante, incomplète, mal élaborée, mais sans caractère prohibitif ; elle a voulu que la recherche de la paternité s'appuyât sur des faits graves et concluants, et elle a exigé, pour la preuve *des écrits publics ou privés, un ensemble de soins.*

Que pouvait faire, en vérité, la législation de la Révolution, sinon se borner à établir des principes ? L'organisation, c'était l'œuvre du lendemain.

Le lendemain n'arriva pas. Napoléon en prit la place, et c'est au Code qu'il a promulgué que remonte la responsabilité du principe inscrit dans l'article 340.

L'ancien droit français avait dit : L'enfant na-

3

turel est un être déchu, mais il a au moins droit
à des àlimens; le droit de la Révolution disait:
L'enfant naturel a le même droit que l'enfant
légitime; mais, frappé des périls de la maxime
Virgini parturienti creditur, il renfermait
dans des limites trop strictes et trop hâtive-
ment posées la recherche de la paternité.

Le Code vint, œuvre de transaction entre
les idées de l'ancien régime et celle de la Révolution; compromis où se heurtent les principes
les plus opposés; base hybride et équivoque de
la société civile, qu'éclaire et que vivifie si lentement, depuis les temps de Rome (1), la lu-

(1) Nous ne connaissons rien de plus considérable et de plus
instructif dans l'histoire de la civilisation que la lutte du préteur et de la philosophie stoïcienne pour transformer l'abrupte,
le barbare et souvent inepte droit des Douze Tables en une
législation de jour en jour appropriée aux besoins nouveaux, et
de plus en plus pénétrée de raison et d'équité; nous ne connaissons rien de plus étonnant dans l'histoire des institutions
politiques et civiles que cette conciliation entre l'esprit de con-
servation et l'esprit de progrès, réalisée par le droit prétorien,
qui, dans une démocratie sujette aux entraînements et prompte
aux changements, parvient à persuader aux masses que le

mière de l'idée ; législation unitaire, et, à ce titre, progrès considérable dont l'honneur appartient tout entier à la France de 89, qui en rendit possible et en tenta trois fois l'accomplissement ; trame savante, tissée par la main de tous nos vieux légistes ; en définitive, rencontre des traditions les plus diverses et souvent les plus surannées ; vaste ensemble où la science juridique de vingt siècles a amoncelé d'innombrables matériaux, où l'esprit d'analyse et de spécialité voit s'ouvrir devant lui le champ le plus fécond, mais aussi le plus disparate, le

fondement reste immuable, et y réussit d'autant mieux que par d'habiles fictions il le modifie sans cesse en s'inspirant de la raison la plus haute et la plus pratique. Mais d'abord entre l'idée romaine et la nôtre, il y a deux mille ans d'intervalle. N'est-ce pas, d'ailleurs, une chose inouïe qu'après avoir modifié nos lois nous les immobilisions dans ces recueils, monuments trop longtemps sacrés aux yeux de l'esprit de fétichisme et d'autorité ? n'est-il pas inouï que la société politique n'ait pas encore compris la nécessité d'une commission permanente de révision des lois civiles ne proposant que des modifications aussi lentement élaborées que peuvent le juger nécessaire les esprits les plus timides, mais développant les lois en suivant le progrès des besoins, des mœurs, des idées?

plus fermé à toute vue générale, œuvre que la démocratie et la liberté referont, et où l'influence personnelle du premier consul n'apparaît habituellement dans les pures questions de principe que pour s'exercer au rebours de l'idée du droit (1).

(1) Osons enfin regarder en face le prétendu monument immortel et le juger sans passion. Osons nous avouer à nous-mêmes que les législations qui l'ont imité l'ont dépassé sur plus d'un point ; surtout, osons convenir qu'il est loin d'être la dernière expression de la philosophie sociale, qu'il heurte constamment les principes essentiels de la Révolution et qu'il est constamment en désaccord avec nos nouvelles mœurs et nos nouveaux besoins.

L'auteur du livre : *Les Plaies légales* (Librairie centrale, 1865), M. Alexandre Laya, écrit, sous l'empire de la même pensée : « Nous avons, au point de vue de nos mœurs intimes, bien des réformes à accomplir..... Le temps est propice. C'est à nos lois pénales et à nos imperfections civiles que nous devons demander ces réformes. »

A la presse de prendre l'initiative et se proposer ce grand but d'activité : Réformer le code de la famille et de la propriété en le mettant en harmonie avec nos idées et nos progrès. Au lieu de s'épuiser dans des discussions sans portée, au jour le jour, ne trouverait-elle point là ouvert devant elle un vaste et fécond champ d'exploration ?

Que faisaient cependant hier encore, 17 juillet, les graves *Débats?* A propos de l'importation du Code Napoléon au Mexique,

L'influence de ce génie égoïste ne s'est nulle part mieux attestée que dans la discussion de l'article 340.

Non-seulement Napoléon, écartant sans même l'examiner le point de vue de la justice, et ne soupçonnant pas la thèse juridique, celle de mettre la justice en œuvre, de lui donner la sanction de la loi, ne s'arrête point au principe de la recherche de la paternité; mais quand il s'agit de savoir si, par exception, on autorisera cette recherche dans le cas de viol comme dans celui de rapt, il pose cet aphorisme : « La loi doit punir le coupable de viol, mais ne doit pas

ils écrivaient sentencieusement : « Le Code civil, c'est l'introduction dans la famille de toute la part de liberté et d'égalité que comportent les relations naturelles du mari et de la femme, des parents et des enfants. » C'est à se demander si l'auteur de l'article a seulement lu le Code Napoléon.

Ce dogmatisme, si bien compris, rappelle le ton doctoral et tranchant d'un autre rédacteur des *Débats*, M. Dottain, et de l'érudit M. Limayrac, faisant naguère de haut la leçon à tous, au sujet de la contrainte par corps, citant les textes à rebours, mêlant *nexi et addicti* et confondant ce que distinguent les plus modestes écoliers !

aller plus loin.» Et la conscience de Cambacérès,
cette conscience hélas! trop facile, sa science
et son bon sens ne se révoltent pas! Un homme
sera puni pour le crime le plus lâche et le plus
ignominieux, et il sera défendu de rechercher la
paternité contre lui; la vérité judiciaire est acquise, le bagne s'est ouvert pour le criminel, la
femme flétrie par cet homme sera flétrie par la
loi; elle devient mère, son enfant est celui d'un
autre; la preuve contraire est défendue, car la
recherche contre le forçat n'est pas permise !

Cela n'empêche pas Bigot-Préameneu de s'é-
crier, Duveyrier de répéter que « la dignité du
mariage n'exige point que les enfants naturels
soient étrangers à ceux dont ils tiennent la naissance, et que la loi serait à la fois impuissante
et barbare qui voudrait étouffer le cri de la nature entre ceux qui donnent et ceux qui reçoivent l'existence ».

Et les hommes abâtardis de cette époque
épuisée, perdus dans ce jargon vain et vide, al-

laient du même élan s'incliner devant le maître
et édicter la prohibition de la recherche de la
paternité naturelle, l'interdiction de la reconnaissance pour le père et la mère des enfants
adultérins et incestueux.

Telle est l'histoire de la recherche de la paternité. Nous tenons qu'à ce premier point de
vue notre preuve est faite; la tradition de la
France, du monde romain, de la civilisation
avant 1789, c'est la recherche; l'esprit de la
Révolution, celui du droit égal, loin d'être la
négation de cette recherche, consacre l'assimilation de l'enfant naturel et de l'enfant légitime;
il régularise la preuve, la restreint avec excès,
mais se garde de la supprimer; l'œuvre légis-
lative de 1804, dont le génie de la France, uni
à celui de la Révolution, a seul fait la force et
la vie, fausse les enseignements, les progrès,
l'idée de l'histoire, et viole la justice sociale.

DÉMONSTRATION

Qui a connu le sentiment paternel, l'intimite, la plénitude de ses joies sereines, complètes et sans remords ; qui a suspendu sa vie à celle de cet être charmant et débile, l'enfant, dont la faiblesse a eu besoin de sa force ; qui a recueilli les premières tendresses de ce jeune cœur, s'éveillant aux premières émotions de l'existence ; qui a suivi, guidé les développements de cette intelligence naïve, impressionnable et mobile, sans cesse en quête des causes grandes et petites ; qui a senti s'épanouir en lui cette fleur d'espérance, cet amour incomparable, l'enfant, le point fixe de tous ses vœux, le foyer où s'alimente son dernier enthousiasme, qui, s'il s'éteint, entraîne le reste ; qui a connu ce ravissement, ce charme infini, cette poésie, hélas! et cette douleur! celui-là comprendra-t-il seulement que notre question se pose?

Pressentiment de la vingtième année, mystère d'amour alors entrevu, non sondé, enchantement de l'âge plus mûr, réalité du bonheur, comble de nos joies et de nos deuils, affection paternelle, qui donc ne t'a pas au moins devinée, ne t'ayant point connue! O poëte, est-il vrai que ton hymne et si suave et si ému ne pénètre point tous les cœurs?

> Quand l'enfant vient, la joie arrive et nous éclaire.
> . . . .
> Il est si beau, l'enfant, avec son doux sourire.
> Sa douce bonne foi, sa voix qui veut tout dire,
> Laissant errer sa vue étonnée et ravie,
> Offrant de toutes parts sa jeune âme à la vie,
>   Et sa bouche aux baisers!

O Homère, chantre d'Astyanax; ô fils du Mincius, dont le génie était fait pour aimer les doux enfants (*dulces natos*); ô grandes et intimes voix de l'humanité de tous les âges, est-il

vrai qu'il y ait des cœurs où vos accents ne reten-
tissent point? Plainte du vieux roi Lear pleu-
rant Cordélia, éternel cri de l'âme en détresse,
indicible sanglot d'un indicible amour ; est-il
vrai qu'il y ait des entrailles qui ne sentent
point votre angoisse (1)?

Mais quittons ce sanctuaire du cœur, laissons
de côté cette vie intense et intime, la plus haute,
la seule vraie, la seule qui vaille la peine qu'on
se donne à vivre ; interrogeons la conscience,
sévère maîtresse : comprend-elle davantage
l'inexpiable crime de renier l'enfant dont on
est père? comprendra-t-elle que la loi ait besoin
d'aider à l'accomplissement de ce grand devoir,

---

(1) Le christianisme, en déclarant à la nature une guerre à
outrance, a été conduit à commettre cette profanation, d'écrire
à côté de la parole : « Laissez venir à moi les petits enfants»,
cette autre parole : « Celui qui a des enfants doit prier Dieu
pour qu'ils sortent de ce siècle impie. » (Tertullien). « C'est ce
que fit saint Hilaire pour sa fille, dit Michelet, et il l'obtint. »
Le mariage est devenu, aux yeux du christianisme, un état
inférieur, et M. le cardinal Mathieu confessait encore ces jours
derniers en plein Sénat cette doctrine antisociale.

et que nos codes, au lieu d'édicter une peine contre celui qui s'y dérobe, lui accorde une sauvegarde, un encouragement ?

Voici venir les maîtres de la raison humaine : c'est d'abord Descartes, ce père de la libre pensée, qui écrit : « Considérant ses enfants comme d'autres soi-même, un père recherche leur bien comme le sien propre, ou même avec plus de soin, parce que, se représentant que lui et eux font un tout dont il n'est pas la meilleure partie, il préfère souvent leurs intérêts aux siens et ne craint pas de se perdre pour les sauver. »

C'est Bayle qui répète : « L'homme est si froid et si tranquille quand il n'est poussé aux choses que par les idées de la raison, qu'on eût fort mal fait de confier à cette raison la vie des petits enfants. Qu'on ne se plaigne point de cette doctrine. J'avoue qu'elle suppose qu'au lieu d'un amour raisonnable les père et mère n'ont qu'un amour d'instinct et aveugle pour leurs enfants, mais rien n'est plus vrai. »

Ainsi, après les poëtes, parlent à leur tour les philosophes ; plus haut qu'eux tous, ainsi parlent le cœur et la conscience.

Ah ! espérons ce progrès dans la moralité humaine et dans l'opinion de la société, qu'aucun homme, à moins de se sentir flétri à ses propres yeux comme à ceux des autres, ne répudiera un jour l'enfant auquel il a transmis la vie.

Espérons que ce progrès s'accomplira, de ne voir aucun homme, à moins qu'il n'accepte d'être infâme, repousser loin de lui la femme qui lui a donné son amour et qui a perdu sa vie pour lui ; celle qu'il a traitée en épouse et qui, croyant en lui, s'est attachée à cette foi, lui a livré tous les trésors de son cœur, a mis en elle tout l'espoir de son existence.

Ah ! espérons que, quel que soit l'entraînement auquel on a cédé, profond ou superficiel, de longue ou de brève durée, on cessera de décliner la responsabilité la plus haute et la plus

stricte de ce monde, celle qui relie le père à
l'enfant (1).

Question de justice, de droit sans doute.;
avant tout, question intime dont la solution
repose dans les entrailles, dans le sens instinctif
du bien.

C'est un fait triste à constater ! mais puisque
dans notre état social, il y a des hommes pour
lesquels cette question ne se résout pas d'elle-
même, il faut bien démontrer à ces cœurs iner-
tes, à ces conscienses obtuses, le mal d'abandonner l'enfant qu'on a engendré.

Nous croyons à la liberté de l'homme, toute
relative et contingente, germe enveloppé, souvent vicié, roseau secoué par des tempêtes.
Ne soulevons point de problèmes; le libre
arbitre n'existerait pas que notre thèse resterait
la même : sous l'amas des perturbations, des

(1) Que les femmes tâchent de se rappeler de leur côté le
mot de Valentine de Milan, pressant dans ses bras le bâtard
Dunois : « Tu m'as été dérobé ! »

dissonances, des misères, sous l'anarchie de
ce pauvre monde, un ordre existe, une harmonie,
un idéal poursuivi dès les premiers jours. Règle
imposée ou consentie, cet idéal, c'est la loi du
mouvement de l'humanité ; qui le suit, accomplit le bien, qui s'en écarte, commet le mal.

Pour renier l'enfant né de lui, l'être issu, qu'il
le veuille ou non, de son esprit comme de son
sang, qu'invoquera l'homme ? L'invincible ap-
pétit de l'instinct, l'emportement de la volupté ?

Admettons jusqu'à cette réponse. Apparemment la mère a droit d'alléguer la même contrainte ; que devient l'enfant, tout besoin et tout
faiblesse ?

Quoi ! nous sommes les ministres de ce grand
acte qui du néant tire un être humain, qui le
met en face du mystère de la vie et de l'abîme
de la mort ; nous lui imposons l'existence, ré-
solvant pour lui le problème du *to be or not to
be* ; c'est par nous qu'il s'abreuvera à la coupe
des longues amertumes, et nous pourrions, cy-

niques violateurs du droit le plus sacré de tous,
souvent après avoir flétri la mère, dire à l'enfant : « Va devant toi, pauvre être indigent,
deviens ce que voudra le destin ; souffre le mal
de la vie dès le premier jour de ta naissance ;
succombe même, germe divin où sommeillait
peut-être une âme d'or, prosterne-toi sous la
misère, sous le crime, sous une mort anticipée ;
entre celui qui donne l'être et celui qui subit ce
don, rien n'est commun. »

Eh quoi ! une telle perversion du sentiment,
un tel oubli de la justice, seraient possibles
qu'ils étouffassent jusqu'au cri de la conscience !

Le droit de l'enfant, et qu'est-ce donc ? sinon
la révélation la plus immédiate du cœur, sinon
le droit le plus profondément inscrit dans la nature. Le droit de l'enfant, mais c'est le lien des
générations, c'est ce droit qu'attestait l'immense
poëte Lucrèce, quand il s'écriait :

Et quasi cursores vitaï lampada tradunt.

Et on le laisserait s'éteindre, faute de soins, ce flambeau qui était une âme humaine, et que l'on avait soi-même allumé !

L'enfant, cette chose sainte entre toutes, cette pure fleur, on la laisserait se corrompre et on la pousserait du pied !

O mille fois infâme celui qui a conçu ce dessein, l'a couvé dans son cœur et l'a exécuté ; mille fois infâme celui qui a engendré un enfant dans l'amour, dans la vive et passagère flamme de la fantaisie ou même dans le seul enivrement des sens, et qui, ne comprenant pas que dès le sein de sa mère l'enfant a droit, forme et accomplit l'homicide résolution de l'abandonner! Si sa conscience ne se soulève pas contre lui-même; si la voix publique ne l'arrête pas; si la moralité sociale ne garantit et ne protége point suffisamment l'enfant, n'est-ce pas à la loi de se dresser, d'empêcher l'acte énorme de ce déni de justice et de cet attentat?

Et est-ce donc seulement l'enfant qui a droit?

La mère n'a-t-elle rien à réclamer de l'homme à l'amour et à l'honneur duquel elle s'est confiée, pour lequel elle a affirmé son dévouement jusqu'à tout oublier en comparaison?

On fait grand bruit lorsqu'il s'agit de l'enfant naturel et de sa mère, de la dignité du mariage; mais que l'on commence par prouver que toute femme qui se donne en dehors du mariage dégrade en elle la dignité humaine et tombe au rang des choses; que l'on prouve que c'est dans le mariage seul, tel que l'ont institué nos lois et le pratique en particulier notre temps (1), que se rencontre la fermeté du dévoue-

(1) « Le contrat le plus grave, le plus décisif dans la vie d'un homme, celui qui tient renfermé dans ses plis le bonheur ou le malheur, dans les arcanes duquel se cache parfois le crime même, le mariage est conclu, signé, exécuté, fixé en France avec une légèreté que rien n'égale.

« La cause de cette légèreté même est, selon nous, dans les dispositions impérieuses qui rendent ce contrat irrévocable. » (M. Laya, *les Plaies légales*.) Voir le livre même, qui est d'un homme aussi distingué d'esprit que de cœur.

Plus loin, le même écrivain, examinant les conséquences fatales de la séparation de corps, apporte un secours indirect à notre

ment, l'alliance des cœurs, et qu'en dehors du
mariage l'amour, le vrai fondement, la vraie
légitimité de l'union de l'homme et de la femme,
est impossible; que l'on prouve qu'il n'y a plus
de filles séduites, qu'il n'y a plus de promesses
sacrées trahies ; que l'on prouve que la communauté d'existence librement acceptée, libre-

thèse. « Suppose-t-on possible que l'homme, avec sa nature, ses
appétits, ses désirs, disons plus, ses besoins, ait fait vœu de chas-
teté le jour où il est délivré d'une femme qui ne peut, qui ne doit
plus être sa compagne, dans le cas, par exemple, où l'adultère
a été la cause de la décision des tribunaux qui les a séparés...

Le mari, qui à tout prendre est un homme, a nécessairement
toutes les passions inhérentes à sa nature; il rencontre dans le
monde une femme; il est encore jeune; il se fait aimer; si la
femme est libre, il s'attache à son sort...

Et maintenant que vont devenir les enfants qui peuvent naître
de cette union...

En vain la tendresse du père, qui ne peut donner à ces enfants ni son nom, ni sa fortune, les accompagne dans la vie,
chaque jour, chaque instant sont consacrés par les liens inalié-
nables, inévitables de l'amour paternel à l'éducation de ces enfants, à qui l'on a donné le nom d'enfants naturels, quand ils
sont nés de deux célibataires hors mariage, et auxquels on ne
peut donner que le nom d'adultérins, bien qu'ils soient nés
sans adultère légal possible. Cette tendresse n'est pas reconnue
par la loi. (*Les Plaies légales*, p. 174-169.)

ment maintenue, et la fidélité dans cette communauté, ne créent aucuns droits! Oui, il vous
faudra prouver tout cela, tristes plagiaires qui
raillez la vertu des femmes, et qui la précipitez;
il vous faudra prouver que cette enfant, cette
femme qui a mis sa main dans la vôtre, qui a
cru à vos serments, aux apparences de votre
amour, qui a poussé le dévouement jusqu'à vous
sacrifier sa réputation, son honneur, selon le
monde; il vous faudra prouver (c'est bien le
moins que vous portiez ce fardeau!) que cette
enfant naïve et aimante, cette femme qui a me-
suré l'étendue du sacrifice et qui l'a accompli, a
commis, lâches suborneurs, un irrémissible
crime, celui d'avoir confiance en vous!

Qu'on ne cherche point à prendre le change
et qu'on veuille bien ne pas nous accuser de
mettre ici en cause l'institution du mariage elle-
même; cette thèse viendra en son temps. Sans
y toucher aujourd'hui, nous demandons à ceux
qui se poseraient en adversaires d'avoir le cou-

rage d'affirmer qu'en dehors de l'union réglementée par le Code de 1804, grossi de la loi de
1816 ; de cette union dont l'égoïsme le plus
insensé a perverti le fondement, dont l'inégalité
est l'âme et la contrainte permanente le principe légal, où la perpétuité est imposée au nom
du sentiment le plus libre du cœur humain,
nous demandons à nos adversaires d'oser déclarer que le devoir et le droit n'existent
point.

Mais, dira-t-on, où poser la limite ? car enfin
la femme qui se donne par intérêt, celle qui fait
gain de son corps, la prostituée, outre leur honteux salaire, qu'ont-elles lieu de réclamer ?

En pure théorie, à nos yeux, là cesserait le
droit de la mère, non de l'enfant (celui-ci est
inexpugnable), où le lucre remplacerait l'affection. Pourtant, ne nous hâtons pas de conclure :
le lucre peut apparaître sans que le droit vivant
se retire. Qui démêlera les secrets et complexes
mobiles du cœur de la femme ? qui niera, même

dans la plus dégradée, la possibilité de ces retours· sauveurs où, de la fange, la perle peut surgir (1)? qui affirmera qu'après l'angoisse et la défaite de la misère et de la faim, n'a pas brillé le pur rayon? qui n'a compris la poignante réalité de la dernière nuit de Rolla, de ce rêve d'un poëte si cher au siècle dont il exprime les élans et les défaillances?

Le droit de la mère, droit naturel et individuel, existe au point de vue philosophique et abstrait, toutes les fois qu'elle a conçu dans l'amour; le droit de l'enfant est absolu.

Le droit positif et social, en même temps qu'il a pour idéal le droit naturel et individuel, a pour perfection de réaliser cet idéal, mais il

(1) Un des esprits les plus sincères, les plus courageux de ce temps, un de ceux que l'idée et le mot effrayent le moins, et qui sait mêler toutes les délicatesses de la langue à ses plus grandes hardiesses, M. Eugène Pelletan, dit de Jésus dans son livre de *la Mère* : « Il allait même jusqu'à recevoir l'offrande des pécheresses pour leur donner une occasion de faire le bien et les réhabiliter à leur propre regard. Il savait que toute créature ici-bas porte un rédempteur caché dans un bon sentiment.»

n'est possible qu'avec ses conditions propres d'existence ; il soulève une question de sanction extérieure et une question de preuve. De philosophique, le problème devient ainsi juridique.

Ce n'est pas encore le moment d'aborder ce nouveau point de vue, de tracer la ligne de démarcation entre les cas où la recherche de la paternité peut et doit être admise de la part tant de la mère que de l'enfant et ceux où elle ne peut pas l'être ; mais si le droit naturel et individuel de la mère et de l'enfant est établi, et c'est en vérité la conscience elle-même qu'il faudrait nier pour l'ébranler, le droit positif et social, dans son essence philosophique, l'est également.

Le droit social, ne nous lassons point de le redire, a pour principe une vieille énigme que l'Œdipe de 89 est parvenu à expliquer : « A chacun le sien ! » Constatation et garantie, c'est la fonction du droit social ; égalité devant le droit, c'est l'esprit qui doit l'éclairer ; liberté de tout être humain, c'est son indestructible base.

A chacun le sien et à chacun la garantie de son libre droit! la mère et l'enfant naturel n'ont besoin que du droit commun.

Est-ce que, dès l'instant de sa naissance, tout homme ne porte pas en lui le droit à cet état civil, à cette situation légale, qui assigne à chacun sa place, lui donne une personnalité et le rattache au double milieu, faute duquel il serait au ban de l'humanité?

Est-ce que la justice sociale n'est pas violée si un seul homme n'a pas son droit, son droit complet dans la famille, son droit complet dans la cité? qu'est-ce donc, si ce sont des milliers?

Ne le sera-t-elle pas si l'enfant, qui, pour vivre et se développer, ne peut se passer ni de son père ni de sa mère, est dépouillé de la liberté de rechercher son père ou sa mère?

Ne le sera-t-elle pas si le devoir qui s'impose à l'un comme à l'autre n'oblige, par le fait de la loi, que l'un des deux?

Et tout droit positif à part, quelle plus flagrante inconséquence que d'admettre qu'on
recherche la mère, de consacrer l'obligation
dépassant sa propre mesure, et de vouloir que
le père échappe à la coercition?

En vain il nous tarde d'épuiser ce vaste
thème d'iniquités; plus on l'explore, plus il
s'étend. Le droit pénal, à son tour, ajoute son
idée.

Compulsez les criminalistes, faites com-
paraître Beccaria, Bentham, Rossi; leurs pré-
misses commanderaient la même conséquence;
c'est un crime, même selon le point de vue
pénal, pour le père de tout enfant, de lui dénier
son droit de vivre.

Eh bien, au nom de la justice, nous demandons que ce crime cesse de s'abriter derrière la
loi; nous demandons que, pour l'enfant de
l'adultère et de l'inceste, il cesse d'être exigé par
elle.

DÉMONSTRATION

PAR L'IDÉE DE L'UTILE.

Le fait est de nos jours en grande faveur, c'est de lui qu'on se réclame, c'est la seule démonstration devant laquelle on s'incline ; heureux sommes-nous quand ce n'est pas la seule morale qu'on reconnaisse : de là en partie le crédit de l'histoire et de la statistique (1).

Cette faveur accordée au fait, en introduisant de plus en plus la méthode d'observation dans les sciences sociales, peut produire un grand

(1) Il y a bien des manières d'écrire l'histoire; il y a celle du grand historien Michelet, qui en fait une résurrection, y met une âme et nous y montre une la conscience du genre humain; il y a celle de M. Thiers, un système tout descriptif, un réflecteur où se détachent le fait et ses sinuosités, où la banalité tient lieu de la pensée et de l'idéal.

bien; (1) mais elle a le grave tort, question de
criterium moral à part (2), d'engendrer une sin-
gulière étroitesse de vues, de regrettables confu-
sions. Le fait est contingent, variable; il peut

(1) L'école dite de l'économie politique anglaise, qui tant de
fois a généralisé sur des éléments incomplets, aurait pu dis-
créditer cette méthode; l'exemple de l'illustre John Stuart-
Mill témoigne du parti qu'on en peut tirer. M. Taine, dans une
vigoureuse esquisse, *le Positivisme anglais* (bibliothèque Ger-
mer Baillière), a cherché à faire connaître en France la logique de ce publiciste éminent. Ne serait-ce point là une œuvre
de nature à tenter quelque habile traducteur?

M. Courcelle-Seneuil a donné droit de cité chez nous à l'*Économie politique* de Mill, et pour sa part a contribué plus que
tout autre à propager les vraies pratiques de la méthode d'observation.

(2) La remarquable joute de M. Labbé, de l'*Opinion nationale*,
et de M. Henri Brisson, du *Temps*, a mis à l'ordre du jour la
question de la base de la morale; le Congrès de l'association
internationale pour le progrès des sciences sociales se dispose
à l'aborder; nous adhérons pour notre part aux excellents articles que M. Ch. Lemonnier a publiés dans le *Phare de la
Loire*, à la suite de la discussion de MM. Labbé et Brisson;
nous pensons avec lui qu'il n'y a rien à retrancher de l'indivi-
sible formule : Liberté, égalité, fraternité, et, si l'idée de la
liberté suffit à poser à nos yeux celle du droit, nous ne nous en
fondons pas moins pour appuyer notre thèse elle-même sur le
vieux ternaire psychologique dont la formule : Liberté, égalité,
fraternité n'est que la traduction au point de vue social.

avoir des causes multiples, il se prête dans les
sciences sociales aux interprétations les plus
diverses, les plus contraires; il est difficile à dé-
composer, à constater lorsque, comme dans la
statistique, on veut le ramener à ses éléments
les plus simples et le réduire à une question de
chiffres (1).

Cependant, quelque insuffisants que soient
les renseignements officiels sur la situation des
enfants nés hors mariage, quelque complexes
que soient les problèmes que soulève cette situation, où la question des tours et des hospices d'enfants trouvés vient se mêler à celle de
la recherche de la paternité, de concluantes, de
terribles, d'accusatrices données sont acquises.

---

(1) L'auteur de la *Statistique morale de l'Angleterre comparée
avec celle de la France*, M. Guerry, correspondant de l'Institut,
qui a consacré trente ans à l'élaboration de son immense et
utile ouvrage, en nous expliquant les lacunes que présente la
statistique des enfants naturels, insistait avec nous sur les nombreuses casualités qui risquent de rendre incertains les calculs
de la science dont il est un des créateurs.

L'augmentation presque continue du nombre des enfants naturels est un fait admis par tous les statisticiens.

Quelques années avant la Révolution, en 1784, il y avait en France 40,000 enfants trouvés, et en 1833, 127,500; or le rapport (1) entre le nombre des enfants trouvés et le nombre total des enfants nés hors mariage étant supposé constant, à deux époques où les tours existaient également, on voit dans quelle proportion les naissances extralégales se sont multipliées (2).

Si l'on compare maintenant le nombre des enfants naturels et celui des enfants légitimes, on obtient pour les trois années 1858, 1859 et

(1) Ce rapport serait aujourd'hui, d'après M. Maurice Block, de 12 pour 100, le département de la Seine non compris; dans le département de la Seine, les reconnaissances paraissent être, toutes proportions gardées, moins nombreuses de beaucoup que dans les autres.

(2) Il naît annuellement à Paris, d'après M. Maurice Block, de 16 à 17,000 enfants naturels.

1860 une moyenne de 8 1/5 environ d'enfants naturels sur 100 légitimes (1).

En arrivant à notre question elle-même, la proportion des enfants naturels non reconnus sur 100 enfants naturels constitue, pour les mêmes années, une moyenne de 68,77, soit environ et au minimum 50,000 enfants naissant annuellement privés d'état civil (2).

(1) Note de la division de la statistique générale. Il naît, en effet, un peu moins d'un million d'enfants par an, dont approximativement 75,000 naturels.

Voici les chiffres fournis par le ministère :

1858.	. .	969,343	
1859.	. .	1,017,896	naissances totales.
1860.	. .	956,875	

1858.	. .	74,633		51,021	
1859.	. .	80,409	enfants naturels.	56,641	non reconnus.
1860.	. .	69,207		49,049	

(2) D'après M. Maurice Block, la proportion des enfants naturels reconnus, par rapport aux non reconnus en dehors du Département de la Seine, serait pour 1856 de 45 sur 100.

Un pareil chiffre a-t-il besoin de commen-
taires? N'est-ce pas le cas de s'écrier cette fois,
et sans pénétrer plus avant, qu'il y a quelque
chose à faire? Ce quelque chose, c'est avant tout
de rétablir la justice, c'est de rendre à tout enfant le droit de rechercher son père.

La statistique officielle contient une lacune
inconcevable; elle n'indique pas le nombre dis-
tinct des enfants reconnus par le père seul, ou
par la mère seule (1). M. Block nous fournit le
moyen d'établir l'approximation suivante pour
la France, hormis le département de la Seine :
le père ne reconnaît pas le quatorzième du
nombre annuel des enfants nés hors mariage,

D'après la note de la division de la statistique générale, cette
proportion s'abaisserait, pour les trois années 1858, 1859,
1860, à une moyenne de 31,23; il en résulte que c'est le département de la Seine qui amène cette réduction considérable.

(1) Voir à l'*Appendice* la lettre du ministre. Il nous semble
qu'il devrait être facile d'obtenir au moins une approximation
en faisant le relevé des reconnaissances inscrites sur les regis-
tres de l'état civil.

la mère en reconnaît plus du tiers, cinq fois et plus autant que le père (1).

Ainsi en résumé :

Le nombre des enfants nés en dehors du mariage devient de plus en plus considérable ; plus des deux tiers des enfants naturels ne sont point reconnus.

Le nombre des enfants reconnus par la mère est de beaucoup supérieur à celui des enfants reconnus par le père.

Comme résultat final, que n'imaginerait point à priori le pessimisme le plus exalté, plus de 1,500,000 Français sont privés d'état civil (2).

Voilà les faits fondamentaux.

---

(1) Les chiffres fournis par M. Block pour 1856 sont :

    3,645 enfants reconnus par le père.
    17,666   —   par la mère.

Le département de la Seine modifie certainement la proportion d'une façon restrictive pour les reconnaissances par le père.

(2) On arrive au chiffre d'environ 1,800,000 ; mais il y a lieu de tenir compte de la mortalité plus grande pour les enfants non reconnus que pour le reste de la population.

Un des maîtres de la statistique a apprécié
le premier.

« En Angleterre, dit M. Legoyt, la recherche
de la paternité est autorisée, et le père peut être
condamné à faire une pension alimentaire à la
mère et à l'enfant. En France, le séducteur,
sûr de l'impunité, abandonne communément la
jeune fille qu'il a rendue mère, sans se préoc-
cuper des suites, quelquefois terribles, du malheur qu'il a causé.

« Cette différence de législation n'aurait-elle
pas un effet sensible sur le nombre des enfants
naturels dans les deux pays? Il est permis de
le croire. »

Nous craindrions d'être plus affirmatif que
M. Legoyt sur la comparaison avec l'Angleterre;
mais en laissant de côté ces rapprochements toujours douteux dans les questions où les mœurs
et les conditions de la vie sociale jouent un
rôle si important, n'est-on pas fondé à prétendre, pour la France, que la légèreté qui préside

à certaines unions, la dépravation qui en inspire
d'autres, trouveraient un frein dans la recherche de la paternité.

Certes, la cause de la multiplication des naissances naturelles n'est point tout entière dans
la prohibition de l'article 340 ; elle tient au vice
de l'institution du mariage telle que l'ont faite
nos lois et nos mœurs ; elle tient à l'état général
d'une société en travail, d'un monde où tout
est confus, où l'idée se débat contre le fait, où
toute doctrine est flottante, où la vieille lutte
d'Ahriman perpétue l'obscurité ; elle tient à ce
que le mensonge règne partout et que l'on
étouffe dans cette atmosphère factice où le cœur
sent le vide ; elle tient à ce que le passé fait
échec à l'avenir, à ce que la nuée lumineuse du
droit et de la liberté nous laisse encore au dé-
sert, et que le vrai mariage n'est qu'un rêve de
poëte, une aube à peine blanchissante (1) ; elle

(1) L'avocat libéral par excellence de l'époque de la Restau-
ration, l'exécuteur testamentaire et l'ami personnel du feu roi

5

tient à mille dégoûts, à toutes nos aspirations et
à tous nos enthousiasmes, à tous nos désenchan-
tements, à tous nos enivrements et à toutes nos
misères! Réformer un article de nos codes, en
changer dix ou vingt, c'est peu pour guérir une
plaie si profonde, c'est beaucoup pour secouer
notre torpeur, pour renouer la chaîne des
temps, pour nous donner l'énergie de continuer
l'œuvre immense que nous ont léguée nos
pères.

Cependant, à côté de ceux que l'esprit écarte
de l'union réglementée par le génie législatif de

Louis-Philippe, le président de la Chambre des députés au
2 décembre 1851, M. le procureur général Dupin, vient de publier l'opinion qu'il a émise contre le luxe des femmes dans un
comité secret du Sénat. On a beaucoup parlé à cette occasion
de la verve gauloise du célèbre magistrat; nous avouons avoir
trouvé dans cette boutade moins d'esprit qu'on ne l'a dit généralement; ce que nous y avons vainement cherché, c'est une
raison un peu sérieuse de l'*exagération du luxe, des billets et
des endosseurs, des échéances toujours fatales à la vertu.*

Ce qu'il faudrait corriger, selon nous, c'est le mariage; ce
qu'il importerait de faire revivre avant tout, c'est le sens moral;
qu'en pense le haut magistrat qui s'écrie avec tant de raison :
Quid leges sine moribus vanae !

Louis XVIII, doublant celui de Portalis et de
Bonaparte, et qui n'ont jamais méconnu le devoir qui s'impose à eux, il en est d'autres, dignes
de pitié plus que de blâme, qui, cédant aux entraînements d'une jeunesse à laquelle manquent
dans nos fausses sociétés les satisfactions légitimes et l'emploi de leur vraie activité, dérobent
à la fille du pauvre sa pudeur, sa dignité et détournent ensuite la tête, insouciants et sans remords, de l'objet de leurs plaisirs. Il est des
âmes dégradées que le vice étreint et possède,
dont l'égoïsme se fait un jeu d'imprimer au
front de toute femme l'ignominie qui déborde
en eux, de flétrir tout honneur, de donner toute
existence en pâture à leur sensualité ! C'est
pour ces deux sortes d'hommes, si peu semblables au fond, que la recherche produirait les
plus salutaires effets ; aux premiers, elle inspirerait le sentiment du devoir et enseignerait la
pratique de la responsabilité ; elle serait pour
les seconds une menace et un frein.

La même cause rendrait fréquentes les reconnaissances volontaires ; exposé à la recherche, l'homme, personnellement convaincu, n'at-
tendrait pas la poursuite ; il irait au-devant de
la loi. N'est-il pas permis de penser que la mère
à son tour, sûre d'obtenir la consécration de
son droit, hésiterait d'autant moins à assumer
le même devoir ?

Enfin viendrait l'action directe du principe de
la recherche ; cette action, combinée avec celle
de la reconnaissance, ne laisserait que bien peu
d'enfants en dehors de ses effets.

L'influence malfaisante de l'article 340 ne
s'atteste-t-elle pas encore, avec toute l'évidence
du plus incontestable fait, dans la disproportion
constatée entre le nombre des enfants reconnus
par le père et celui des enfants reconnus par la
mère. Quoi ! la mère en reconnaît plus du tiers,
le père n'en reconnaît que le quatorzième, le département de la Seine où la disproportion s'ac-
croît étant même négligé, et la loi en resterait là !

On alléguera, nous le savons, la nature et la force des choses, la certitude de la maternité, la notoriété de la grossesse et de l'accouchement, la difficulté pour la mère de se dérober à sa propre part de devoir ; démontrera-t-on que, tandis que la recherche est autorisée contre la mère, ainsi poussée à prendre l'initiative, l'article 340 ne forme point abri pour le père, même désigné par la voix publique ?

Et c'est ainsi que l'on arrive à ces chiffres inimaginables qui font des enfants naturels non reconnus une légion, une nation dans la nation.

Est-il nécessaire d'insister ? Quelle peinture plus lamentable que ces tristes réalités !

On résiste et l'on fait deux objections :

La recherche posée en principe, les femmes vont s'offrir d'elles-mêmes ; dès qu'elles auront reçu le droit d'amener devant des juges l'auteur de leur grossesse, un cataclysme s'ensuivra ; le débordement des mœurs ne connaîtra plus de limites !

On ajoute que la recherche pèsera, terrible épée, sur la tête de chacun, et qu'elle menacera surtout la richesse, la position sociale.

Discutons sans parti pris.

La première objection semble supposer que l'attaque et le mal viennent de la femme, tandis que nous affirmons que, si l'homme acquérait la conscience de sa responsabilité, un grand pas serait fait et le but principal serait atteint.

Est-ce à dire que nous allons nous faire ici le champion de l'un des sexes contre l'autre? Une étroite solidarité les relie; mais qui niera qu'au début le plus grand nombre de femmes ne succombent point à l'obsession, à la sollicitation? qui niera que la pudeur, la crainte de l'opinion soient pour elles des retenues efficaces? Et si la femme, en se donnant, cède à l'entraînement de l'amour, souvent pleine d'inexpérience, toujours plus insoucieuse de sa propre destinée que n'est l'homme pour la sienne, calcule-t-elle, prévoit-elle seulement les suites ? Admettons qu'elle y pense ; tantôt une fausse promesse inclinera sa volonté, tantôt, puisant dans son amour même l'énergie du sacrifice, elle immolera sa vie (1).

Certes, dans une agglomération aussi vaste, aussi mobile que Paris, les mœurs doivent être atteintes ; Paris, le génie de la France, le prophète de sa pensée, la cité où l'idée fermente, où les généreux enthousiasmes font explosion, Paris est aussi le réceptacle de tous les vices, de toutes les hontes ; eh bien, qui oserait soutenir que, même dans l'immense capitale où les disparates abondent, la jeune fille mette plus de hâte à se donner que le jeune homme à la poursuivre de ses recherches ?

« La femme est extrême en tout » (2) ; une femme se livre ; trompée peut-être, de chute

_____

(1) Qu'on se rappelle le mot de Marguerite : « Homme excellent, dès que je te vois je ne sais quoi me mène à ton gré. J'ai déjà tant fait pour toi qu'il ne me reste presque plus rien à faire. (*Faust*, le jardin de Marthe.)

(2) Labruyère, *Caractères*.

en chute, pauvre cœur flétri, elle tombera jusqu'au dernier rang. Que conclure de ce fatum inexorable, sinon une dure loi, dont le secret déconcertant la conscience, semble cacher l'ironique revanche d'un Dieu jaloux contre notre faiblesse.

Il reste donc vrai qu'en tous lieux la première attaque vient de l'homme : l'emportement de la jeunesse, le célibat dans l'âge des passions, les longs loisirs de la fortune, l'impossibilité de toute noble ambition, l'abaissement du niveau moral suivant la même progression, subissant les mêmes déchéances que le droit et la liberté; ajoutons-y la faveur même de l'opinion et la sauvegarde de la loi,

Voilà les causes.

La fille séduite devient enceinte; son séducteur, au besoin, alléguera qu'elle est publique, et commettra le lâche attentat d'abandonner la mère éplorée avec l'enfant qu'elle porte en son sein.

Imaginons-nous des fictions? Chargeons-nous
de couleurs sombres le tableau de notre société? Qui de nous n'a vu ce type vulgaire de
l'homme vieux avant trente ans, dont le cœur
n'a jamais battu, dont la conscience est mort-
née, dont la dépravation précoce, l'égoïsme
naïf et cynique éteignit toute flamme de jeunesse; il faut à cette lubricité le raffinement
d'un amour vierge: un lien se forme, la jeune
fille y mettra son cœur, l'autre sa froideur et sa
débauche : ah! misère! si la pauvre femme sent
dans ses flancs s'agiter un germe de vie; c'est
ce moment que craint le lâche, c'est le moment
où il s'enfuit, l'effroi dans l'âme (1).

Va devant toi, vil trompeur, le front marqué
du stygmate de l'infamie; tout s'éteint, même
la conscience; puisse la tienne, pour ton supplice, éclairer d'une dernière lueur l'opprobre
de ta trahison!

(1) Cette histoire est de tous les jours; on nous la racontait
naguère en y mettant jusqu'aux noms propres.

Persistera-t-on à dire encore que la corruption vient de la femme, et qu'on l'augmente si
le principe de la recherche passe dans nos
lois?

L'objection n'est applicable ni aux filles
qu'entraîne leur faiblesse ni à celles qui, se
donnant par amour, n'ont nul souci des conséquences.

Quant aux femmes de mauvaise vie, qu'emporte la furie des sens, ou plutôt qui ne cèdent
qu'à l'esprit de lucre, l'expérience a démontré
qu'elles ont rarement des enfants. Au surplus,
n'est-ce point un cercle, et ne voit-on pas que
toute femme de mauvaise vie a commencé autrement? Arrivée à ce degré d'être publique ou
à peu près, qu'on permette ou qu'on prohibe
la recherche de la paternité, elle continuera à
s'offrir.

L'objection dont on fait si grand fracas est
donc vaine autant que dénuée de franchise.
C'est affaire de législation de réfuter la seconde.

On craint que des femmes éhontées ne spé-
culent sur la recherche; la procédure et le droit
sont en mesure d'y pourvoir, et l'argument est
vieux, qui consiste à retourner contre la règle
le péril éventuel de l'abus.

Ainsi, au point de vue utilitaire et statistique,
le principe de prohibition demeure avec ces
premiers résultats, qui se résument en deux
nombres suffisamment éloquents : 50,000 enfants naissants, 1,500,000 Français de tout âge
sans filiation constatée !

Que faire des enfants naissants? Ici la question de charges publiques et de budget, celle
des tours et des hospices viendraient compli-
quer la nôtre (1). Sans doute, tous les enfants non
reconnus ne sont pas abandonnés; la mère, le
plus souvent, ou les parents de la mère com-

_____

(1) La question des tours et des hospices exigerait par elle-
même un travail spécial; nous ne sommes pas en mesure de
l'entreprendre ici, et elle n'a, à nos yeux, qu'une importance
subordonnée de beaucoup à celle de la recherche.

prennent le devoir moral d'élever le pauvre être ; cependant d'autres sont délaissés et ont besoin que la société vienne à leur secours. De cette manière, la défense de la recherche, qui multiplie les abandons, a pour effet de contribuer à augmenter les charges publiques et de poser le grave problème de l'assistance sociale.

En pure logique, les tours et les hospices sont de mauvaises institutions grevant l'État, la communauté, à la décharge de ceux qui ne remplissent pas leur devoir de père et de mère ; et quels soins peuvent remplacer l'amour du père et de la mère!

Dans l'état actuel, quand la recherche est interdite, la suppression des tours constitue autre chose qu'une injustice, c'est une infamie sociale : l'enfant se trouve à la fois repoussé de la famille et de la société.

Il y a mieux ; quoique la pure théorie condamne les tours et les hospices, il en est de ces palliatifs comme de tant d'autres ; la pra-

tique ne peut les écarter, la recherche même
étant admise. Aussi longtemps que l'insuffisance de la loi, et sans les mœurs cette insuffisance est certaine, aussi longtemps que la perversion de la conscience, aussi longtemps que
la misère perpétueront l'existence d'enfants non
reconnus, nous tenons les tours et les hospices
pour le premier devoir social.

Arrière donc la pensée d'y voir la négation
du droit de l'enfant. Un partisan de la recherche (1), en soulevant cette objection, n'a pas
compris que le droit pour tous, la liberté, l'égalité supposent, au lieu de l'exclure, le lien
d'amour qui, les vivifiant, les complète. Tout
au plus peut-on concéder, comme pur point de
fait, que la recherche pour l'enfant abandonné
risquera d'être moins facile ; cependant il faut
bien qu'à défaut même de la mère quelqu'un
s'en charge. Qui sera-ce, sinon la société ?

(1) M. Ahrens. *Cours de droit naturel.*

Affreuse plaie, plus on t'explore, plus tu
parais béante, profonde ! Enfants sans père et
sans mère, en général, que devenez-vous ?

L'avortement, l'infanticide les menacent dès
les premiers jours ; seuls crimes qui se multi-
plient, tandis que les autres diminuent (1) !
C'est à la suppression des tours que corres-
pond, indice énorme ! cette lamentable recru-
descence.

Et, en effet, est-il misère comparable à celle
de la femme séduite et dénuée ? Son enfant doit
être sans père ; elle est elle-même sans res-
sources ; elle perd la tête, s'arrache le cœur ;
non, cet enfant ne doit pas vivre.

Législateur, achève ton œuvre ; Napoléon le
Grand, sois complet ; béats, il vous faut des fé-
tiches ; pygmées, il vous faut des géants ; d'une

(1) M. Guerry a obtenu depuis 1849 que les conseils de révision mentionnassent la qualité de tous les jeunes gens réfor-
més ; le ministère de la guerre possède donc les éléments de cette
grave statistique.

prémisse bien posée la conséquence est bien
déduite, admirez-la : la fille qui a tué son
enfant subira le dernier supplice ; le père, qu'elle
n'a point le droit de rechercher, peut, le front
haut, se mettre en quête d'autres victimes !

Mais revenons. L'enfant échappe ; en vain
nous voudrions le suivre à travers les épaisses
ténèbres d'une existence négligée de la statistique, mal éclairée de l'observation ; quelques
faits indiquent l'ensemble.

Pour le recrutement militaire, que constate-
t-on ? La faiblesse, les infirmités assurent aux
enfants naturels, toutes proportions gardées
d'ailleurs, la triste supériorité des causes
d'exemption de cet ordre.

Ce sont les enfants naturels qui sont les hôtes
les plus nombreux des colonies pénitentiaires (1) ;
eux que les condamnations graves atteignent le

---

(1) Le fondateur de la colonie de Mettray, l'honorable
M. Demetz, constate que sur 3,000 détenus la colonie a reçu
600 enfants naturels, trouvés ou abandonnés.

plus fréquemment(1); ce sont eux que le crime décime, à défaut de la misère.

Pour les filles, autre péril : la hideuse prostitution en fait sa proie dès le jeune âge (2).

Et l'enquête n'est pas ouverte, l'enquête n'est pas permanente jusqu'à ce qu'on ait sondé ce mal qui s'attaque au cœur de la France, à sa moralité même, à sa première utilité.

Stimuler les arts de la paix, établir le crédit public et le crédit individuel sur des bases solides, certaines; ouvrir à l'agriculture, à l'industrie, de larges voies, c'est magnifique et secondaire.

Avant tout il faut faire des hommes; publicistes, à la rescousse! l'intérêt même de l'instruction, le premier entre tous les autres, celui dont l'avenir dépend, prime-t-il, répon-

(1) Voir les comptes de la justice criminelle.

(2) Voir à l'*Appendice* la note de Parent-Duchâtelet.

M. Goulhot de Saint-Germain, dans son rapport au Sénat sur la prostitution, a omis d'indiquer cette cause, qui valait cependant la peine d'être mentionnée.

dez-nous, l'intérêt de droit, d'utilité, d'humanité pour lequel nous nous levons (1)?

(1) Nous posons cette question à la presse entière, nous la
posons à M. Émile de Girardin, qui a écrit : « Partout le nombre des enfants nés hors mariage tend à s'accroître, et dans
les plus grandes villes il est sur le point de marcher de pair
avec celui des enfants nés pendant le mariage. Publiciste,
jurisconsulte, magistrat, auteur du livre intitulé *le Contrat de
mariage* (M. Troplong), que proposez-vous de faire pour pré-
server de cet envahissement les États d'où l'esclavage et le
servage ont disparu, mais où l'inégalité civile subsiste sous
une autre forme et sous d'autres noms?

Est-ce que l'égalité civile, dont ces États se vantent d'être en
possession, existe entre l'enfant né pendant le mariage et l'enfant né hors le mariage? Est-ce que l'égalité civile existe entre
deux frères issus de la même mère, l'un dont la naissance a
été impudemment et frauduleusement imputée au mari; l'autre
dont la naissance a été timidement et scrupuleusement dissi-
mulée; le premier, fils de la femme audacieuse, passant pour
légitime; le second, fils du scrupule, étant qualifié d'adultérin;
celui-ci admis à succéder, celui-là exclu de l'hérédité?·

Est-ce que l'égalité existe entre deux frères, tous deux fils
du même père, mais l'un mis au monde par l'épouse, l'autre
mis au monde par la maîtresse? Est-ce que cette flagrante inégalité peut longtemps subsister là où l'égalité politique a
triomphé?

L'esclave a conquis la liberté ; est-ce que le bâtard ne
finira pas par conquérir l'égalité? Est-ce que l'enfant inno-
cent a moins de droit que le père coupable à la justice de la

6

DÉMONSTRATION

PAR LE POINT DE VUE DU DROIT

Le droit civil et le droit pénal ont le juste pour fondement, l'utilité sociale pour mesure, la possibilité d'une coercition extérieure pour condition d'existence.

Sciences d'application, ils supposent en outre établi le fait qu'ils sont appelés à régir.

Le principe de la recherche de la paternité comporte-t-il une consécration juridique ?

Notre preuve est faite pour le juste et pour l'utile ; les sophistes qui, n'osant contredire

société ? . . . .
Est-ce que l'enfant de la nature est d'essence inférieure à celui de la loi?

On peut ajourner ces questions, on ne peut pas les supprimer ! (Émile de Girardin. *La Femme jugée par les grands écrivains des deux sexes*, par M. Larcher).

notre solution au point de vue du juste, se
retranchent plus ou moins hardiment derrière
l'utile, se sont vu enlever ce refuge ; la question de la possibilité de la coercition n'en est
point une ; la sanction de la recherche, c'est le
droit pour l'enfant naturel comme pour l'enfant légitime de réclamer sa place dans la famille.

Que reste-t-il donc au sophisme ? un lieu
commun de difficulté de preuve et de scandale
judiciaire.

Poursuivons nos adversaires sur ce nouveau
terrain ; étouffons le cri de notre conscience,
oublions même des enseignements auxquels
on ne reproche pas de pécher par excès d'idéa-
lité ; abordons le point de vue du droit, non pas
par les grands côtés : ils sont à nous, l'idée est
conquise ; c'est la règle toute positive qui reste
seule en question.

Qu'allègue-t-on au point de vue purement
juridique ?

« Abstraction faite de toute société civile, écrit l'auteur (1) qui a le plus doctement soutenu la thèse inverse de la nôtre, il est évident que tout enfant, légitime ou non, a le droit de se faire fournir des aliments par son père........ Mais la règle est qu'on ne peut arguer d'un droit dont on ne peut administrer la preuve...

Arrêtons-nous un instant, et sans chercher querelle à l'auteur sur ce droit évident aux aliments qu'il relègue dans l'abstraction de toute société civile, demandons-lui ce qu'il entend par l'axiome qu'on ne peut arguer d'un droit auquel la preuve fait défaut. Nous avions cru jusqu'ici que cette règle toute pratique, banale à force d'évidence, signifiait que quiconque vient en justice et n'y prouve pas son droit par les moyens que la loi met à sa disposition doit succomber dans l'instance.

Qu'y-a-t-il de commun entre le point de sa-

(1) M. Kœnigswarter.

voir si la preuve de la recherche de paternité
est à priori possible et une vérité de fait, s'ap-
pliquant à toute question, nécessité malheureuse
d'une justice enfermée dans les limites de l'im-
perfection humaine !

Sur cette prémisse l'auteur ajoute : « Or, ici
deux faits à établir : le commerce charnel, ensuite que l'enfant est le fruit des liaisons. La
preuve du premier fait est possible dans la plupart des cas, mais celle du dernier ne dépend
presque toujours que du témoignage de la
mère. »

Que signifie tout cela, et qu'est-ce, en droit,
que la preuve dans son acception la plus générale, sinon la conséquence tirée d'un fait connu
à un fait inconnu? conséquence tantôt directe,
c'est la preuve proprement dite, tantôt indirecte,
c'est la présomption.

Qu'on n'abuse point, en effet, de la portée de
ce mot, la preuve, et qu'on ne se fasse point un
argument contre nous de l'insuffisance des

moyens qu'a le juge de s'éclairer sur le fait qui lui est soumis ; la preuve pour le juge, cela est clair, n'est jamais qu'une probabilité plus ou moins probante; il y a toujours place pour l'erreur de son jugement, car la preuve n'est jamais adéquate aux faits à prouver, à moins que ces faits ne se passent à l'audience.

L'impossibilité de la preuve, encore une fois, qu'est-ce que cela veut dire ? Mais elle existe en toute matière, cette impossibilité ! est-ce qu'on prouve la filiation légitime, est-ce qu'on prouve même la propriété?

Les sociétés s'en tirent comme elles peuvent ; faute d'une vraie preuve impossible en elle-même, elles ont organisé un ensemble de probabilités, nous répétons le mot avec insistance, qui, appréciées par la conscience, l'expérience et la science du juge, le conduisent le plus souvent à la découverte de la vérité.

Or les législations positives, dominées par la nature des choses, reconnaissent deux espèces

de probabilités : les unes dans lesquelles le
fait à établir est susceptible d'être constaté par
un aveu, par un témoignage oral ou écrit ; les
autres où l'ensemble des circonstances guide
seul l'induction du juge.

Ces deux sortes de probabilités, preuve proprement dite et présomption, n'ont point de
supériorité absolue l'une sur l'autre ; quel que
soit le système général d'une législation, le juge
ne saurait être entièrement passif ; il faut qu'il
fasse œuvre d'appréciation, d'honnêteté et d'intelligence. .C'est par là que son rôle s'agrandit,
que sa fonction s'élève jusqu'à faire de la magistrature un troisième pouvoir dans l'État (1) ;

(1) Dans ses belles leçons sur la constitution des États-Unis,
M. Laboulaye a insisté sur les conditions essentielles à l'existence de ce troisième pouvoir. Selon les Américains et selon le
populaire professeur, aux idées duquel nous ne saurions trop
vivement adhérer sur ce point, la magistrature ne se meut dans
une sphère d'action propre que tout autant qu'elle est investie
du droit de refuser d'appliquer la loi qui porte atteinte à la
constitution ou qui n'a point été régulièrement consentie.

Nous sommes loin, en France, d'une pareille conception du
pouvoir judiciaire !

heureux les pays où ce troisième pouvoir, à
l'abri de toute corruption, sait se conserver in-
dépendant, car nous sommes plus ou moins
soumis à son droit discrétionnaire.

Or, dans la recherche de la paternité, il y a
deux questions, comme on l'indique : celle du
commerce charnel et celle de savoir si l'enfant est issu de ce commerce. Le fait du rapprochement sexuel est sans doute toujours susceptible en lui-même de preuve directe, mais affir-
mera-t-on que dans la vie sociale elle soit toujours possible ?

L'autre fait, celui que l'enfant est le fruit des
relations, est un fait de pure physiologie, qui
n'admet que la présomption.

Y a-t-il là, au point de vue de la preuve, une
différence radicale ? Non, en pure théorie et
d'une manière générale ; elle l'est même si peu
en matière de filiation que, dans le mariage, les
deux faits sont présumés, et que dans l'une des
deux hypothèses auxquelles, en dehors du ma-

riage, se ramène la recherche de la paternité, celle du concubinage, il n'y a pas plus lieu de les séparer que dans le mariage lui-même.

A quoi se réduit, en définitive, la question de savoir si l'enfant né hors mariage est issu de telles ou telles relations? A celle de la fidélité de la femme durant toute la période où peut se placer la conception.

Or il arrive de deux choses l'une : ou que le prétendu père et la mère ont cohabité ostensiblement durant un temps plus ou moins long, qu'ils ont vécu en concubinage, ou bien qu'il n'y a eu de rapprochement entre eux qu'à certains intervalles où même une seule fois.

Dans l'hypothèse du concubinage, la question de la recherche ne nécessite plus la décomposition de la preuve en ces deux faits élémentaires : le commerce charnel et le résultat de ce commerce.

Concubinage ou mariage, le rapprochement n'est pas douteux ; il n'y a qu'une présomption, mais la preuve directe elle-même n'a point assurément plus de force.

Il est vrai qu'il faudra établir l'état de concubinage, c'est-à-dire la cohabitation continue; or quoi de plus facile que d'administrer pareille preuve? Le concubinage n'a, en général, rien de secret; ne s'accomplit-il pas au grand jour? l'ensemble des faits qui le constituent, tombe toujours aisément sous la preuve.

Reste alors l'autre question : l'enfant est-il le résultat des relations? En d'autres termes, la femme a-t-elle été fidèle durant la période à laquelle peut se rapporter la conception?

En fait de mariage, le législateur pose une présomption ; il admet à priori la fidélité de la femme, il repousse en général la preuve contraire et limite le désaveu du mari à des cas strictement déterminés.

Pourquoi en serait-il autrement à l'égard du concubinage?

Parlera-t-on de la dignité du mariage, de la

nécessité morale et sociale de le séparer du concubinage dans l'estime publique, du danger de
multiplier le concubinage, de la probabilité plus
grande de fidélité de la part de la femme mariée
que de la concubine?

La dignité et la considération du mariage ne
sont point engagées dans cette question; c'est
de toutes autres causes qu'elles dépendent. Le
mariage n'a qu'à rester ou à devenir une union
fondée sur des convenances essentielles, librement formée, librement maintenue; il tirera
alors de lui-même, c'est-à-dire de leur vraie
source, cette dignité et cette considération qui
sont sa meilleure, son unique sauvegarde: vaine
est la loi qui ne s'appuie pas sur la nature humaine, et vaine la barrière qu'elle voudrait lui
imposer.

La multiplication du concubinage tient aux
vices qui corrompent l'institution du mariage,
à un état général des esprits, à des causes acci-
dentelles ou locales; la loi peut avoir l'effet, en

faussant l'institution du mariage, de multiplier les concubinages même adultérins ; elle peut priver un plus ou moins grand nombre d'enfants du droit de rechercher leur père ; mais consacrât-elle ce droit au lieu de le supprimer, l'établît-elle sur le même fondement que pour l'enfant né du mariage, ce ne sont point ses dispositions qui influeront sur la fréquence du concubinage.

Quant à la probabilité de fidélité plus grande chez la femme mariée que chez la concubine, c'est une probabilité légale. Est-ce une probabilité sociale et réelle ! Aux peintres de mœurs de dire ce qu'ils ont observé ; le cœur humain de tous les temps, de tous les lieux, atteste que la liberté est un plus fort lien que la contrainte.

Il y a donc lieu d'admettre pour le concubinage la même règle que pour le mariage, la présomption *Pater is est quem nuptiæ demonstrant.*

Mais il y a mieux : est-ce que la force des

choses ne s'est pas imposée même au Code
Napoléon et à la jurisprudence née de ce Code?
La présomption *Pater is est*.... ne domine-t-elle
pas tous les cas où le mariage est déclaré nul,
où il n'y a qu'un concubinage en quelque sorte
légalement constaté? Est-ce aux jurisconsultes
de métier qu'il faut citer le cas de l'article 191 et
ceux des articles 188, 161-164 (1)?

(1) Nous devons ce point de vue à un de nos maîtres véné-
rés, à un des jurisconsultes les plus considérables, à un des
hommes dont le cœur, la sincérité, le courage, sont au niveau
de la science et des mérites juridiques. L'éminent M. Va-
lette nous a déclaré qu'il acceptait notre thèse dans ce qu'elle
a de plus général, notamment pour la recherche en cas de concubinage. N'est-il pas regrettable qu'un pareil homme, dont la
place était si bien marquée dans nos Assemblées législatives,
ait vu se fermer devant lui, au 2 décembre, la carrière où il
apportait l'autorité de son savoir, la fermeté de son indépen-
dance, la profonde honnêteté et les hautes lumières de sa conscience et de sa raison?

Le professeur de la jeune école de Paris que de fortes con-
victions, la distinction de l'esprit, la netteté de l'érudition,
ont placé au premier rang dans l'estime des élèves, M. Deman-
geat, admet, sur le principe de la recherche, le point de vue
philosophique du droit absolu de l'enfant.

Dans une lettre qu'il nous a fait l'honneur de nous écrire, et
qui est empreinte de cette urbanité, de cette bienveillance que sa

Or qu'est-ce tout spécialement que ces derniers articles? L'un (188) prévoit un cas de concubinage adultérin, les autres font allusion au concubinage incestueux. Laissons de côté l'hypothèse du rapt, sorte de concubinage forcé où le législateur ne pouvait évidemment se dispenser d'admettre la même présomption que dans le mariage; mais dans l'espèce des articles 188, 161-164, les concubins ayant des enfants, quel jurisconsulte enseignera qu'il faut repousser la présomption *Pater is est....*?

Eh bien, ce que la loi et la jurisprudence sont forcées d'accepter pour l'adultère et l'inceste, et même dans l'hypothèse de l'art. 191 pour le

supériorité notoire le porte à accorder même aux plus humbles, le célèbre doyen de la Faculté de Caen, M. Demolombe, réserve, au contraire, son opinion et ne nous dissimule pas l'émotion qu'il a éprouvée en lisant les quelques lignes où nous avions résumé pour lui notre projet.

Enfin M. Aubry, doyen de la Faculté de Strasbourg, également consulté par nous, s'est retranché derrière l'idée de l'impossibilité de la preuve et la crainte de compromettre la dignité du mariage.

concubinage simple, pourquoi refuser d'en faire une règle générale applicable à tous les cas où la cohabitation a même continuité?

Nous défions qu'on établisse une raison de distinguer, sauf l'acte de mariage, qui n'a rapport qu'à la preuve de la cohabitation; si l'on applique dans ces trois cas la présomption *Pater is est...*, pourquoi ne pas l'appliquer dans tous ceux où la situation est complétement identique?

Et à supposer qu'on résiste (nous ne voyons pas par quels moyens), il y a un abîme à franchir pour arriver, dans le cas de concubinage, jusqu'à la défense de rechercher la paternité.

A défaut de la présomption *Pater is est.....* se présente la présomption légale simple, admettant dans tous les cas la preuve contraire, ou même la présomption judiciaire, s'éclairant des écrits, de l'interrogatoire sur faits et articles, de la comparution personnelle, du témoignage, ou même se corroborant par le serment supplétaire.

Ce qu'il y a d'inouï, de monstrueux pour la femme, pour l'enfant, d'absurde en soi, c'est qu'au lieu d'établir ou de permettre une présomption de paternité aussi frêle même qu'on le voudra, c'est justement la présomption opposée que la loi édicte, et quelle présomption que celle qui, dans l'espèce, est proclamée *juris et de jure,* et exclut la preuve contraire !

La femme mariée est au nom de la loi présumée fidèle, et la preuve contre sa fidélité n'est réservée que dans trois cas; la femme non mariée est présumée infidèle, et cette fois la présomption n'admet aucune preuve en sens inverse.

Quoi! un homme a tout fait pour être le père d'un enfant; quoi! la femme n'a jamais failli peut-être, et l'exception *plurium constupratorum* sera présumée sans possibilité de preuve contraire?

Conçoit-on une pareille règle; n'est-ce pas le cas de s'écrier que l'absurde et l'odieux s'y disputent le premier rang?

Mais c'est une offense à toutes les femmes,
c'est le fétichisme de la formalité! Un jurisconsulte étranger a écrit que sans doute le législateur français avait dû, pour arriver à cette
énormité, s'en tenir exclusivement à l'observation des prostituées de la capitale (1); que n'a-t-il
regardé du côté du mariage, ce législateur (2)?

Ce n'est point suffisant; il faut, pour juger la
théorie de la loi, revenir aux articles 186, 161-
164; il faut en rapprocher l'art. 340; l'enfant
né du concubinage, même simple, n'est point
admis à rechercher la paternité; la mère est de
plein droit, et sans preuve contraire possible,
présumée infidèle; cependant si le concubinage
se complique d'adultère et d'inceste, la présomption *Pater is est.....* régnera.

(1) Voir Roder, *Kritische Beitræge über die œusserehliche
Geschlechtsgemeinschaft zunæchst in bezug auf den* « Art. 340
du Code Napoléon », où le système de cet article est longuement
et vivement réfuté et mis en regard du droit commun allemand.
(2) C'est le thème de l'opinion émise au Sénat par M. le procureur-général Dupin contre le luxe des femmes.

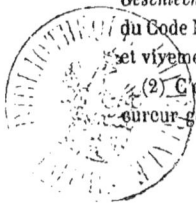

Voilà la logique du Code Napoléon!

N'est-il pas temps que cette contradiction cesse? n'est-il pas temps que cet échec de la conscience et du bon sens soit réparé et que les idées juridiques du guerrier, dont le génie n'était point, à ce qu'il semble, indéfectible, ne déparent plus nos lois? La vérité juridique, c'est la doctrine qui ressort des articles 186, 161-164; c'est la présomption légale, ou au moins la recherche dans le cas de concubinage, même adultérin ou incestueux.

Au lieu du concubinage, supposons maintenant des actes isolés, ou même un seul acte de rapprochement.

Alors non-seulement les deux éléments de la recherche, le commerce charnel et la conception de l'enfant ne sont plus liés l'un à l'autre par la même nécessité, mais le commerce charnel doit spécialement être établi.

Est-ce à dire sur ce point que la preuve directe est nécessaire, et que tel ensemble de cir-

constances, sans constituer une présomption
légale, ne pourra pas au moins constituer une
présomption judiciaire? La présomption judiciaire, à nos yeux, a rationnellement autant
de force que la preuve directe.

D'abord il y a une hypothèse, celle du viol,
où il est bien impossible d'en décider autrement. La présomption judiciaire, il importe de
le remarquer, est toujours admise en matière
criminelle. Si elle suffit pour entraîner la condamnation même à la peine la plus grave, et,
dans le cas de viol, à celle des travaux forcés,
comprend-on qu'elle ne puisse suffire pour la
recherche de la paternité?

On a dit que le viol pouvait être simulé; cette
objection pèche par la base : si le jury, convaincu, a condamné l'inculpé, la vérité judiciaire
est acquise; si au contraire il l'a acquitté, il est
clair que la cour ne pourrait déclarer la paternité contre lui que tout autant que, la loi po-
sant la recherche en principe, le jugement

adopterait l'hypothèse d'un rapprochement
consenti.

Et que fait encore une fois la possibilité de
l'abus : à la justice de veiller, d'empêcher dans
la mesure de la prudence et de l'habilité hu-
maines le stratagème infernal de la femme qui
se prétendrait violée et se serait donnée d'elle-
même. L'intérêt est bien plus considérable au
criminel qu'au civil, et cependant omet-on pour
cette cause de frapper le viol d'une peine ?

Ce n'est que par une omission monstrueuse
que, même sous l'empire d'une loi qui a pro-
hibé la recherche, ce cas n'est point excepté.

Venons-en à notre vraie thèse, celle du rapprochement volontaire, et cette fois sans concubinage.

Par amour ou par faiblesse une femme a
consenti ; le fait du rapprochement est moins
facile à établir que dans la cohabitation continue et persévérante ; cependant il est évidemment susceptible soit d'une preuve directe par

aveu, par serment litisdécisoire, par témoins ou par écrit, soit d'une preuve indirecte par présomption judiciaire.

Quant à l'autre partie du problème juridique, celle qui concerne la filiation, il y a deux manières de la résoudre : le système de la présomption légale et celui de la présomption judiciaire.

Pour la présomption légale, fondée, comme dans le cas de concubinage, sur les articles 312 et suivants, il faudrait la corrélation exigée par ces articles entre l'époque de la conception et celle de l'accouchement; si le fait est isolé, la corrélation devrait être rigoureuse; s'il est multiple, il suffirait que la conception pût se placer du premier fait au dernier. La preuve contraire, c'est-à-dire celle consistant à établir l'infidélité de la femme durant les cent vingt jours qui, d'après le calcul légal, forment la différence possible entre la gestation la plus courte et la gestation la plus longue, serait d'ailleurs toujours réservée.

En adoptant la présomption judiciaire, on laisserait aux juges le soin d'apprécier, d'après les circonstances, tout en tenant compte discrétionnairement de la présomption légale, si les faits sont suffisamment graves, précis et concordants pour qu'ils en puissent faire résulter la paternité. Cette décision serait la nôtre.

Mais sur quoi fonder dans ce cas même, comme dans celui de concubinage, la théorie qui érige en principe la présomption d'infidélité de la femme et lui défend la preuve contraire?

Ne parlons pas de justice, mais seulement de sens commun, d'expérience, d'observation de tous les jours.

Voilà une jeune fille dont l'éducation, les antécédents, les habitudes, l'existence dans la famille attestent la pureté; voilà une femme dont toute la vie proteste contre la possibilité d'une souillure; l'une et l'autre ont aimé, se sont données peut-être sur une promesse de mariage; un enfant naît : les juges ne peuvent-ils

avoir la conviction raisonnée que le séducteur
est le père?

Voilà même une jeune fille ou une femme
dont le passé est flétri, corrompu souvent par
des influences presque irrésistibles, fatales ; elle
se donne et devient enceinte. L'ensemble des
circonstances démontre que c'est du fait de tel
homme que procède sa grossesse ; laissez au
juge le pouvoir d'apprécier, de proclamer, si sa
conviction est faite, le droit de la femme et
de l'enfant.

Seule, la fille publique, c'est-à-dire la femme
pour laquelle il est en quelque sorte régulièrement constaté qu'elle fait gain de son corps, et
que la prostitution est un métier, ne peut
trouver appui dans la loi contre le père de son
enfant ; malheureux être dont la nécessité
supprime le droit ; vivante attestation du mal
de ce monde, que le progrès social corrige de
plus en plus sans le supprimer.

La présomption légale ou la présomption

judiciaire, voilà le moyen d'établir le droit de
l'enfant; la présomption légale, déjà admise
dans nos lois pour l'enfant légitime, acceptée
même dans certains cas pour l'enfant naturel
simple, adultérin ou incestueux; la présomption
légale, tantôt ne cédant que devant le désaveu,
tantôt devant toute preuve opposée; la présomption judiciaire, applicable comme la preuve
testimoniale toutes les fois que manque la possibilité de la preuve écrite.

Et pourquoi repousserait-on la présomption
judiciaire? Ne domine-t-elle pas, comme nous
l'avons déjà dit, tout le droit pénal? ne suffit-elle
pas pour faire monter l'enfant naturel sur
l'échafaud ou pour l'envoyer au bagne? Et on la
rejetterait comme trop débile pour donner à
l'enfant le droit de rechercher son père, de
réclamer des aliments, l'éducation, qui le pré-
serveront du crime!

Et quand on songe que tout cela n'a d'autre
but que de dénier à l'enfant son droit!

La preuve est incertaine, dites-vous; toute preuve ne l'est-elle donc point? L'enfant né du mariage est-il, oserait-on le prétendre, l'enfant issu d'une manière certaine du mari? Pourquoi la fiction de fidélité sacrée, lorsqu'il s'agit de la femme mariée, se transforme-t-elle en une fiction contraire également sacrée, lorsqu'il s'agit de la femme qui s'est donnée en dehors du mariage?

L'impossible de la preuve n'existe donc point; les chances d'erreur ne sont pas plus grandes en cette matière qu'en toute autre, et le danger de passer pour le père d'un enfant non conçu de nos œuvres équivaut-il à ce mal d'un enfant privé du droit de rechercher son père?

Allons plus loin, et descendons de plus en plus sur le terrain de l'application.

La question de la durée de l'action devient un point fondamental; la distinction du concubinage et du commerce sans concubinage reparaît avec la même nécessité.

Dans le cas de concubinage, nous continue-
rions à appliquer le droit commun : l'action,
imprescriptible du chef de l'enfant, le serait
pour ses héritiers par le laps de trente ans, avec
les distinctions que posent les articles 326-330;
elle durerait trente ans pour la mère.

En dehors du concubinage, les difficultés sont
plus grandes. D'abord nous n'admettrions pas
qu'une action aussi personnelle pût jamais
survivre au père présumé de l'enfant; nous en
restreindrions la durée dans la personne de la
mère au temps strictement nécessaire pour
qu'elle fût à même d'en user; quant à l'enfant, ici comme dans tous les cas où il s'agit
d'une pure question d'état, l'imprescriptibi-
lité pour lui-même, et pour les autres l'application des articles 326-336 devrait encore être la
règle.

Mais nous allons faire du bruit, et les honnêtes gens n'en veulent pas; ils craignent d'être
réveillés : passe pour le fait, mais la divulga-

tion du fait, c'est le scandale. Le scandale, ô
juste ciel! c'est là qu'est l'abomination; le scandale, éternel effroi de tous les cœurs pusilla-
nimes; comme si la loi, quand la justice parle
et commande, quand l'intérêt de la société est
en question, devait reculer devant cette *ultima
ratio!* Comme si la séparation de corps et le
désaveu de paternité contre l'enfant né dans
le mariage; comme si la bigamie, l'inceste
et l'enlèvement ne soulevaient aucuns scandales!

Bonnes gens, vous avez peur que le plus
riche et le plus estimé, dites-vous, pour quelques fautes de jeunesse, ne se voie traduit
devant l'opinion.

Sur le fond même du droit nous avons longuement répondu : Nos présomptions ne se
tourneront contre vous que tout autant que
votre passé y donnera lieu, et comptez-vous
pour rien le juge ? Mais nous vous répondrons
encore que le droit pénal pourra renforcer le

droit civil, et qu'enfin la procédure viendra à
son tour corriger l'abus possible du mensonge
spéculant sur la crainte du bruit public.

Le délit de calomnie a fait place dans nos lois
à celui de diffamation ; que pour ce cas l'article
du Code pénal soit rétabli et qu'il atteigne la
femme ou bien l'enfant qui, par malice ou esprit de lucre, aura commis une fausse désigna-
tion. Cette mesure préviendra les affirmations
téméraires et réprimera les malveillantes.

Faites plus ; décidez que la procédure com-
portera une double instruction devant le juge :
la première, toute secrète dans la chambre du
conseil, aboutissant à une sentence qui ne recevra de publicité que si elle admet la recherche ;
et si, au contraire, elle la rejette, demeurant igno-
rée de tous et coupant court, sauf la réserve de
l'appel, à tout procès.

Cumulez d'autres garanties, celle d'un juge
rapporteur ; organisez et combinez ; en assu-
rant le triomphe du droit, empêchez l'abus de

se produire, mais quittez l'argument du scandale, ce manteau de toutes les lâchetés, ce
masque de toutes les hypocrisies.

En somme, la démonstration par le point de
vue du droit n'est-elle pas suffisamment faite?
. dirons-nous que la jurisprudence sent elle-
même que la justice étouffe dans les limites
que lui a imposées le Code? Elle accorde des
aliments en dehors de l'acte authentique exigé
par l'article 334 pour la reconnaissance volontaire ; elle admet contre le père la possession
d'état de l'enfant : palliatifs insuffisants, con-
statations importantes de nécessités qui s'im-
posent.

Mais le principe de l'article 340, celui de
l'article 335 restent debout avec leurs suites
homicides! En vain, le temps est déjà loin où
l'opinion flétrissait l'enfant naturel; en vain,
l'illustre d'Alembert, un des pères de l'Idée
Nouvelle, gloire immense que saluera la dernière postérité, a sapé jusque dans ses bases

l'iniquité qui l'eût relégué au dernier rang ; fils
de la Révolution, nous avons renié notre mère
et nous avons rétrogradé même au delà des
temps de Rome !

Nous voici au terme de notre tâche!

Nous avons affirmé, une Note officielle en main, que 50,000 enfants naissaient chaque année privés d'état civil, que 1,500,000 Français se trouvaient hors la loi, hors le droit. C'est à ces deux faits fondamentaux que nous ramenons toute notre discussion; s'ils sont faux, ils valent la peine d'être démentis; s'ils sont vrais, nous demandons à tous les hommes de bonne volonté de joindre leur voix à la nôtre.

Cette question est un terrain neutre : catholiques (1) et hérétiques, autoritaires et libéraux,

(1) Ne serait-ce point le cas pour le catholicisme libéral de témoigner si ses croyances sont susceptibles de se retremper aux eaux vives de la conscience de l'homme moderne, et aussi d'attester au monde qu'une *voix au moins sortie de ses rangs*

hommes de l'idée et hommes du fait, littérateurs
et publicistes, statisticiens, jurisconsultes, unis-
sons-nous pour le triomphe d'une grande cause!
Il suffit d'aimer la justice et avec elle l'humanité pour proclamer le droit égal de tout enfant;
il suffit d'aimer la patrie pour entrer dans la
sainte ligue qui se proposera de guérir une de
ses plus terribles plaies.

1,500,000 Français hors la loi! que cette parole nous rallie du plus humble jusqu'au plus
illustre! Tocqueville a dit : « La grande maladie
de l'âme, c'est le froid. » Oui, c'est le froid; surtout quand les plus douces visions de la jeunesse se sont enfuies, quand l'expérience âpre
et dure a épuisé la séve ardente des généreuses
espérances, quand les temps sont tristes et
voilés, quand l'air manque à la poitrine, la vie

sait arriver à l'heure opportune au secours du juste et du vrai ?
(*La victoire du Nord aux États-Unis,* par le comte de Montalembert.) Qu'en dit M. de Montalembert, l'éloquent champion
de la Pologne, le glorificateur du Nord ? Qu'en diraient M. Du-
panloup et le libéral P. Gratry ?

au cœur et que l'idéal, radieuse flamme, chaque
jour s'éclipse; quand le flot des ignominies va
débordant, quand notre monde européen et
notre France chancellent, s'affaissent. Ah! c'est
bien l'heure de l'effort en dedans de soi, c'est
bien l'heure d'épouser, si l'on ne veut que le
froid gagne, quelque grand intérêt d'honneur,
quelque grande cause de liberté! Le droit de
50,000 enfants, le droit de 1,500,000 Français,
est-ce trop peu pour faire battre les cœurs, pour
réveiller les âmes assoupies, pour susciter cette
féconde agitation qui seule peut sauver l'avenir?
L'Angleterre a fait la ligue des *Corn-laws*, et
l'Angleterre a réussi; pour le premier des droits
de l'homme, la France de 89 fera-t-elle
moins?

Alerte donc! que tous ceux qui conservent
intacte la foi dans l'œuvre de nos pères, que
tous ceux que l'idée enflamme se coalisent!
Des actes! des actes, le froid viendrait!

Il existe encore des parias! il existe des en-

8

fants sans droit, des femmes trompées, foulées aux pieds ! Chassons ce mal ! Pour l'extirper, le fer ne serait d'aucun secours et le sang n'a point à couler ; il suffit de la sincérité et des clartés de la conscience (1) ; il suffit de fouiller son cœur et d'en faire sourdre cet amour que le christianisme nomme la charité et que notre Évangile, à nous, appelle la fraternité !

Poëtes que la Gloire a sacrés, illustre chantre de *Jocelyn*, si les revers et le vieil âge n'ont point glacé dans votre cœur le souffle des jours heureux et jeunes ; puissant réfugié de Guernesey, dont l'enthousiasme a répandu tant de vives flammes et qui eûtes pour l'enfant, cher gage de nos meilleures espérances, pour la femme brisée, pauvre âme succombant au mal de la vie, tant d'accents intimes et émus ;

---

(1) Mot de l'incomparable orateur, dont le génie, c'est l'âme même, qui pense, sent et a su écrire, quand il l'a voulu, comme il parle, aux cheveux blancs duquel tous les respects et toutes les sympathies font cortége. (M. Berryer, *le Ministère public et le Barreau*, introduction.)

esprit du poëte de *Rolla*, dont le cœur fit l'inspiration; nos vrais prophètes, guidez-nous dans cette sainte croisade!

Mais c'est à vous, apôtres de la démocratie, de former les épaisses phalanges qui, dans cette pacifique conquête, affirmeront une fois de plus la devise de 89 et diront que la Révolution a mis l'idée du droit pour tous dans le sanctuaire inexpugnable de la conscience universelle!

APPENDICE

—

DOCUMENTS HISTORIQUES ET STATISTIQUES

APPENDICE

—

DOCUMENTS HISTORIQUES ET STATISTIQUES

———

ÉDIT

Contre le recélé de grossesse et d'accouchement.

Paris, février 1556, enregistré le 4 mars au Parlement. (V. U., fº 18. — Fontanon, I, 671.)

HENRY, par la grâce de Dieu, Roy de France, à tous présens et à venir, salut, etc.

Comme nos prédécesseurs et progéniteurs tres chrestiens Roys de France, ayent par actes vertueux et catholiques, chacun à son endroict, monstré par leurs très louables effects qu'à droit et bonne raison ledit monde très chrestien, comme à eux propre et péculier, leur avoit esté attribué. En quoi les voulans imiter et suyvre, et ayant par plusieurs bons et salutaires exemples tesmoigné la dévotion qu'avons à conserver et garder ce tant céleste et excellent titre, duquel les principaux effects sont de faire initier les créatures que Dieu envoye sur terre en nostre Royaume, pays, terres et seigneuries de nostre obéissance, aux sacremens par luy ordonnez : et quand il lui plaist les rappeler à soy, leur procurer curieusement les autres sacremens pour ce instituez, avec les derniers honneurs de sépulture.

Et estant deuëment advertis d'un crime très énorme et exécrable, fréquent en nostre Royaume, qui est que plusieurs femmes ayans conceu enfans par moyens deshonnestes ou autrement, persuadées par mauvais vouloir et conseil, desguisent, occultent et cachent leurs grossesses sans en rien descouvrir et déclarer. Et advenant le temps de leur part et délivrance de leur fruict, occultement s'en délivrent, puis le suffoquent, meurtrissent, et aultrement suppriment, sans leur avoir fait impartir le saint sacrement de baptême. Ce fait, les jettent en lieux secrets et immorales, ou enfouyssent en terre profane, les privans par tel moyen de la sépulture coustumière des chrestiens.

De quoi estans prévenuës et accusées par devant nos juges, s'excusent, disans avoir honte de déclarer leur vice, et que leurs enfants sont sortis de leurs ventres morts, et sans aucune apparence de vie : tellement que par faute d'aultre preuve les gens tenans tant nos cours de parlement, qu'aultres nos juges, voulans procéder au jugement des procez criminels faicts à l'encontre de telles femmes, sont tombez et entrez en diverses opinions : les uns concluans au supplice de mort, les aultres à question extraordinaire, à fin de scavoir et entendre par leur bouche si à la vérité le fruict issu de leur ventre estoit mort ou vif. Après laquelle question endurée pour n'avoir aucune chose voulu confesser, leur sont les prisons le plus souvent ouvertes, qui a esté et est cause de les faire retomber, récidiver et commettre tels et semblables délicts, à nostre très grand regret et scandale de nos subjects. A quoy pour l'advenir nous avons bien voulu pourvoir.

Scavoir faisons que nous désirons extirper et du tout ifaire cesser lesdits exécrables et énormes crimes, vices, niquitez et délicts qui se commettent en nostre dit Royaume, et oster les occasions et racines d'iceux d'oresnavant commettre, avons (pour à ce obvier) dit, statué et ordonné, et par édict perpétuel, loy générale et irrévocable, de nostre propre mouvement, pleine puissance et authorite royale, disons, statuons, voulons, ordonnons et nous plaist :

Que toute femme qui se trouvera deuëment atteinte et convaincue d'avoir célé, couvert et occulté, tant sa grossesse que son enfantement, sans avoir déclaré l'un ou l'autre, et avoir prins de l'un ou de l'autre tesmoignage

suffisant, mesme de la vie ou de la mort de son enfant
lors de l'issuë de son ventre, et après se trouve l'enfant
avoir esté privé, tant du saint sacrement de baptême, que
sépulture publique et accoustumée, soit telle femme
tenue et réputée d'avoir homicidé son enfant. Et pour
réparation punie de mort et dernier supplice, et de telle
rigueur que la qualité particulière du cas le méritera :
afin que ce soit exemple à tous et que cy après n'y soit
fait aucun doute ne difficulté.

Si donnons en mandement par ces présentes à nos
amez et feaux conseillers les gens tenans nos cours de
parlement, baillifs, séneschaux et autres officiers et jus-
ticiers, etc.

DÉCLARATION

Portant que l'Édit de février 1556 concernant les
femmes et filles qui cèlent grossesse sera publié de trois
mois en trois mois aux prônes des messes paroissiales.

(Versailles, 25 février 1708; Rec. Cass. — Archiv. — Néron, II,
397; Reg. P. P., 2 mars).

Louis, etc.,

Le Roi Henri II, ayant ordonné par son Édit du mois
de février 1556 que toutes les femmes qui auraient célé

leur grossesse et leur accouchement, et dont les enfants
seraient morts sans avoir reçu le saint sacrement de
baptême, seraient présumées coupables de la mort de
leurs enfants, et condamnées au dernier supplice.

Ce Prince crut en même temps qu'on ne pouvait re-
nouveler dans la suite avec trop de soin le souvenir d'une
loi si juste et si salutaire; ce fut dans cette vue qu'il or-
donna qu'elle serait lue et publiée de trois mois en trois
mois par les curés ou leurs vicaires, aux prônes des
messes paroissiales. Mais, quoique la licence et le déve-
loppement des mœurs, qui ont fait de continuels progrès
depuis le temps de cet Édit, en rendent tous les jours la
publication plus nécessaire et que notre parlement de
Paris l'ait ainsi jugé par un arrêt du 19 mars de l'année
1697, qui renouvelle à cet égard l'exécution de l'Édit
de l'année 1556, nous apprenons néanmoins que depuis
quelque temps plusieurs curés de notre royaume ont fait
difficulté de publier cet Édit, sous prétexte que par l'article 32 de notre Édit du mois d'avril 1695, concernant
la juridiction ecclésiastique, nous avons ordonné que les
curés ne seraient plus obligés de publier aux prônes ni
pendant l'office divin les actes de justice et autres qui
regardent l'intérêt particulier de nos sujets; à quoi ils
ajoutent encore que nous avons bien voulu étendre
cette règle à nos propres affaires, en ordonnant par notre
déclaration du 16 décembre 1698 que les publications
qui se feraient pour nos intérêts ne se feraient plus au

prône, et qu'elles seraient faites seulement à l'issue de
la messe paroissiale, par les officiers qui en sont chargés :
et quoiqu'il soit visible que par là nous n'avons eu l'in-
tention d'exclure que les publications qui, se faisant
pour des affaires purement singulières et profanes, ne
doivent pas interrompre le service divin, comme nous
l'avons marqué par notre dite déclaration du 16 décembre 1698; nous avons cru néanmoins, pour faire
cesser jusqu'aux moindres difficultés dans une matière si
importante, devoir expliquer nos intentions sur ce point
d'une manière si précise, que rien ne pût empêcher à
l'avenir une publication qui regarde, non l'intérêt particulier de quelques-uns de nos sujets ou le nôtre même,
mais le bien temporel et spirituel de notre royaume;
et que l'Église devrait nous demander, si elle n'était pas
encore ordonnée, puisqu'elle tend à assurer, non-seulement la vie, mais le salut éternel de plusieurs enfants
conçus dans le crime, qui périraient malheureusement
sans avoir reçu le baptême, et que leurs mères sacrifieraient
à un faux honneur, par un crime encore plus grand que
celui qui leur a donné la vie, si elles n'étaient par la connaissance de la rigueur de la loi, et si la crainte des
châtiments ne faisait en elle l'office de la nature.

A ces causes, etc., voulons et nous plaît que l'Édit du
roi Henri II, du mois de février 1556, soit exécuté selon
sa forme et teneur, ce faisant que ledit Édit soit publié
de trois mois en trois mois, par tous les curés ou leurs

vicaires, aux prônes des messes paroissiales. Enjoignons auxdits curés et vicaires de faire ladite publication, et d'en envoyer un certificat signé d'eux à nos procureurs de bailliages et sénéchaussées dans l'étendue desquels leurs paroisses sont situées. Voulons qu'en cas de refus ils puissent y être contraints par saisie de leur temporel, à la requête de nos procureurs généraux en nos cours de parlements, poursuite et diligence de leurs substituts, chacun dans leur ressort. Si donnons, etc.

EXTRAIT

D'un discours de l'avocat général Servan.

« La maxime du président Faber, *creditur virgini se prægnantem asserenti*, règne depuis longtemps dans ce tribunal; mais il faut la regarder moins comme une règle que comme une exception étonnante aux règles ordinaires de la probabilité et de nos jugements. Quand on a bien observé cette maxime, quand on la compare surtout avec nos mœurs, on la redoute, et loin de l'étendre, on ne cherche plus qu'à la resserrer; disons tout, à l'abolir.

« En effet, messieurs, c'est en vertu de cette rigoureuse maxime que l'on condamne un citoyen sans l'en-

tendre; on le condamne sur la déposition d'un seul témoin
qui dépose sur ses propres intérêts; on le condamne pour
un délit si secret par sa nature, que cette unique déposition ne peut être ni confirmée ni combattue par aucune
autre. Ah! quel est le témoin à qui seront accordés des pri-
viléges qui eussent honoré le vertueux Caton? C'est une
fille convaincue de faiblesse, et pour le moins soupçonnée
de licence; on nous donne pour garant de sa conduite
une pudeur qu'elle n'a plus; et parce qu'elle a trahi ses
plus chers intérêts, on prétend qu'elle ne saurait violer
ceux des autres.

« Oui, sans doute, je croirai même sur ses faiblesses
le témoignage d'une fille qui se tait, et jamais celui d'une
lle qui ose parler; je croirai ses larmes et jamais ses
récits. Que des parents en fureur demandent à une fille
encore pudique quel est l'auteur de sa honte; qu'ils le
nomment, qu'ils la pressent de l'avouer : elle pleure,
voilà tout l'aveu que la pudeur peut proférer.

« Mais quand on voit une fille se présenter à un ministère public pour lui dévoiler son affreux état, en nommer
l'auteur, désigner les époques, faire consacrer sous ses
yeux et sur un papier éternel l'histoire de sa diffamation;
quand, après un tel malheur, une fille se montre encore
sensible à l'intérêt; quand elle ose envisager des dédom-
magements pour une perte qui n'est bien sentie qu'autant qu'on la croit inestimable, alors on doit se dire :
Voilà une fille qui a franchi toutes les barrières de son

sexe, rien ne peut plus l'arrêter; je m'en défie, non parce qu'elle a commis une faute, mais parce qu'elle a conçu et exécuté le dessein de la publier; dès ce moment, je vois dans son caractère une audace qui la bannit de son sexe; elle n'est plus femme; elle n'a plus le frein de son sexe ni celui du nôtre; tout homme me serait moins suspect; et je me rappelle que plus une fille est timide au premier pas, plus elle est hardie au second.

« Mais quand cette fille aurait la pudeur qui ne s'accorde que trop avec la faiblesse, je ne m'en défierais pas moins. Je fais la supposition la plus honorable à son cœur, je suppose qu'elle aime; devons-nous la croire? Si elle appartient à un amant, peut-elle être à la vérité? Et celui qui en a fait le vil instrument de ses plaisirs, n'en fera-t-il pas, à son gré, l'organe du mensonge? Quand il lui commande de devenir infâme, elle obéit à ses prières; et quand il n'exigera qu'un mensonge, on pense qu'elle pourra résister à ses ordres! Pour les femmes, le premier inconvénient de l'amour est l'habitude de la fausseté; une fille qui a su tant de fois tromper une mère craindra-t-elle d'abuser un moment un notaire?

« D'ailleurs, messieurs, vous le savez, ces déclarations, pour l'ordinaire, se font par des filles d'un état obscur : souvent le séducteur a un rang, un nom, des richesses, du pouvoir, et c'est alors que les menaces, les plaintes, les raisons plausibles accablent cette jeune victime, qu'un homme tient tremblante entre ses bras. Que

de choses on lui fait craindre et que de motifs on lui fait
envisager! On chargera de sa grossesse un homme de
son état, un homme obscur; quelques assiduités, quelques familiarités innocentes serviront de prétexte à l'accusation; qu'osera-t-il dire? L'accusation est la conviction même; et s'il se plaint, on promet de l'apaiser.

« Qu'on se mette à la place de cette jeune fille, qui
n'a pour conseil que son séducteur, et qui ne veut con-
sulter ni sa raison qu'elle a perdue, ni celle des autres,
qui la ferait rougir. Qui peut douter qu'elle ne cède à des
emportements, à des menaces, à des prières, et qu'épou-
vantée, crédule, tendre, elle n'aille consommer par l'im-
posture ce qu'elle a commencé par la faiblesse? . . .

. . . .

. . . .

« N'exagérons rien, mais disons simplement qu'il est
aussi doux pour un citoyen qu'honorable pour les lois
de se dire à soi-même : « Dans tout le cours de ma vie
« je suis tranquille, parce que je ne serai jamais con-
« damné sans des preuves convaincantes; je sais que
« ma fortune ni ma personne ne seront point livrées à la
« fragilité d'un seul témoignage . . . . . .

. . . .

« Enfin, il est évident que la déclaration de grossesse

contre un homme marié, si elle était reçue, produirait
les plus funestes désordres . . . .

. . . .

« Le mariage sera-t-il donc un titre d'impunité? Voilà
ce qu'on objecte. Objection exagérée! Nous ne disons
point que des hommes mariés feront tout impunément;
mais nous disons qu'ils ne doivent être punis qu'après
des preuves complètes et certaines. Nous disons que
jamais une simple déclaration de grossesse ne peut former, aux yeux de la raison, une preuve parfaite contre
un citoyen quelconque; mais nous ajoutons que, s'il est
dangereux de l'admettre, il est odieux et cent fois plus
funeste de l'adopter contre un homme marié; qu'on cesse
donc de s'écrier à l'impunité; l'abus de l'impunité n'est
point là; mais on le trouverait dans un témoin qui, usur-
pant une confiance peu méritée, empoisonnerait sans
péril les mœurs et la vie de plusieurs citoyens chers à
l'État.

« Il faut l'avouer, messieurs, depuis un demi-siècle la
corruption s'est répandue dans le peuple avec une
incroyable rapidité; il n'y eut jamais d'épidémie si
funeste; le luxe a débordé des premiers rangs pour inon-
der les derniers; l'avidité d'avoir, excitée par l'émula-
tion de paraître, a enflammé toutes les passions; et les
filles du peuple, qui s'étaient ignorées jusqu'alors, ont
paru tout à coup se connaître et rougir d'elles-mêmes.

« Ce n'est point l'amour, ce n'est point cette faiblesse
si excusable dans les deux sexes et si aimable dans les
femmes ; ce n'est point le sentiment que la nature même
peut inspirer, qui a produit le désordre ; c'est une vanité
folle et la contagion de l'exemple.

« Dans les filles de cet ordre, un ruban fait aujourd'hui
plus de conquêtes que l'amour le plus pur n'en eût fait
autrefois.

« Il faut tout dire, messieurs, et c'est ici la place de
dire la vérité nue. De ces ateliers de nos artisans, des
chaumières du peuple souillées par la licence, nous avons
vu tout à coup une nation entière et toute nouvelle parmi
les femmes.

« Sous le nom de femmes entretenues, nous avons vu
former scandaleusement un nouvel ordre d'unions sans
postérité, sans estime et sans vertu. Le nombre de ces
femmes, dans nos principales villes, rivaliserait presque
avec celui des épouses légitimes.

« Ainsi notre malheureuse terre s'est vue couverte
d'arbres infertiles, et qui fleurissent cependant au doux
souffle des plaisirs.

« Je profère donc cette vérité triste et dure : les mœurs
du peuple sont aujourd'hui très-dépravées, et si nous
voulons d'irréprochables témoins, ne les cherchons point
parmi les filles que la licence assiége de toutes parts.

« Si nous pouvions entendre la déplorable histoire de
ces femmes qui sont devenues le plus vil objet de la

débauche, nous en verrions une foule qui ont débuté par des déclarations; nous verrions qu'elles se sont fait plus d'une fois un gain odieux de ce que nos maximes leur avaient accordé comme une confiance honorable.

« Ici, je dirais au président Faber : Vous refusez de croire une fille prostituée; apprenez que dans ce temps la grossesse d'une file est une marque presque infaillible de la prostitution; apprenez surtout que cette fille en est moins séparée par ses mœurs que par les occasions.

« Que ne m'est-il permis, messieurs, de vous révéler les abus énormes que l'adoption de cette maxime renouvelle tous les jours! Si je ne craignais de mêler le ridicule à la gravité de notre ministère, je dirais qu'on a vu plus d'une fois de jeunes débauchées se faire un jeu de rejeter le fruit de leurs vices sur des hommes irréprochables, sur des ecclésiastiques pieux et respectés; la prélature même n'a pas été exempte de ces attentats.

« A la vue de ce spectacle inouï, où, par les plus bizarres contrastes, on voyait un homme grave et sage, accablé, confus de tenir dans ses bras l'enfant d'une prostituée qui l'en proclamait le père aux yeux de la justice; à ces scènes scandaleuses, vous dirai-je que tous les honnêtes gens gémissaient et tremblaient pour eux-mêmes, tandis que le libertinage seul osait rire.

« Eh! quelle est la vertu si pure qui puisse se croire à l'abri des accès de folie d'un libertin et de la vénalité d'une fille?

« Quel est le magistrat, l'homme public qui ne pourrait être la victime de sa propre maxime ?

« Quoi! messieurs, souffrirons-nous que le public soit
plus juste que nous? Il tourne en dérision ces déclarations dont il connaît les abus, et c'est aujourd'hui dans le
monde une maxime contraire à celle du président Faber,
que le père, désigné par une fille enceinte, est le plus
malheureux, mais rarement le plus coupable.

« Si le public juge ainsi, c'est qu'il connaît bien les
mœurs de celles qui fabriquent ces dangereux ouvrages.
Profitons de ces lumières, messieurs; des magistrats qui
vivent dans la solitude du cabinet ne peuvent guère suivre
la trace des mœurs; mais quand le public nous en instruit
unanimement, voilà le témoin irréprochable dont il faut
croire la déclaration.

« Fermons désormais cette large voie à la vengeance,
aux saillies indécentes du libertinage, à la sécurité de la
prostitution; posons pour garde inviolable de la fortune
et de la personne de tous les citoyens des témoignages
unanimes et nombreux; ne souffrons plus que les lois de
la vraisemblance restent muettes devant une fille qui
seule devrait se taire; enfin que l'ancienneté de l'abus
ne nous en impose pas, et ramenons tout à l'ordre.

« Après ces réflexions, messieurs, si j'usais de la
liberté du ministère qui m'est confié pour demander à
votre équité l'abrogation d'une règle qui ne peut guère
se concilier avec toutes les autres règles; si je vous sup-

pliais, au nom de l'ordre public, de mettre quelque limite utile à votre jurisprudence sur cet important objet, trouverait-on mon zèle excessif et ma réquisition déplacée?

« Je le craindrais, et je me défie trop de moi-même pour hasarder une réclamation si éclatante sans un examen plus réfléchi ; je me contente des observations que j'ai proposées : c'est un germe que je jette sur votre tribunal ; le temps et l'équité lui donneront sa maturité. »

(*Moniteur* du 11 brumaire an II.)

RAPPORT

De M. Cambacérès sur la loi du 12 brumaire an II.

La République attend avec confiance la loi qui doit régler l'exercice des droits attribués par la nature aux enfants nés hors du mariage. Avant de prendre une dernière résolution sur cette intéressante matière, vous avez voulu entendre une fois votre comité de législation. Il vient aujourd'hui vous rendre compte de son opinion et des motifs qui l'ont déterminée.

On vous a dit : Le droit de succession n'est point un droit naturel; l'exécution de la loi ne commence que du jour où elle a été publiée, etc.

Il existe une loi supérieure à toutes les autres : la loi de la nature; c'est elle qui assure aux individus dont nous nous occupons tous les droits qu'on cherche à leur ravir. Ces droits leur ont été rendus du jour où la nation a déclaré qu'elle voulait être libre, le jour où ses premiers représentants ont rédigé cette charte mémorable, monument éternel des droits des hommes et des citoyens.

Quant à l'autorité des coutumes que l'on a voulu présenter comme le résultat de la volonté générale, serait-il nécessaire de dire qu'elles furent l'ouvrage de ceux qu'une longue suite d'abus avait séparés de la société, et qu'elles ne servirent qu'à consacrer les usurpations féodales.

Mais assimilera-t-on les enfants adultérins aux enfants nés de personnes libres? Si je n'avais à vous présenter que mon opinion personnelle, je vous dirais : Tous les enfants indistinctement ont le droit de succéder à ceux qui leur ont donné l'existence. Les différences établies entre eux sont l'effet de l'orgueil et de la superstition. Elles sont ignominieuses et contraires à la justice.

Dans un gouvernement basé sur la liberté, les individus ne peuvent être victimes des fautes de leur père; l'exhédération est la peine des grands crimes. L'enfant qui nait en a-t-il commis? Et si le mariage est une institution précieuse, son empire ne peut s'étendre jusqu'à la destruction de l'homme et des droits de citoyen. Mais ce n'est pas de mes propres pensées que je dois vous entretenir. C'est le résultat de la discussion du comité dont il faut vous rendre compte. On a pensé presque unanimement que le respect des mœurs, la foi du mariage ne permettaient point de comprendre dans la disposition les enfants nés de ceux qui étaient déjà liés par des engagements.

A l'égard des autres, nous aurions été en contradiction avec nous-mêmes, si nous n'avions pas reconnu que leurs droits devaient être les mêmes que ceux qui sont attribués aux enfants légitimes; mais en consacrant ce principe incontestable, nous avons établi qu'il devait souffrir quelques modifications déterminées par l'état actuel de la société, et par la transition subite d'une législation vicieuse à une législation meilleure.

Après avoir vengé la nature trop longtemps outragée, et fixé le sort d'une classe d'infortunés, victimes de l'avarice et du préjugé, l'équité nous a commandé ces précautions, que les enfants nés hors du mariage ne puissent déranger les partages faits, ni exiger la restitution des fruits perçus, ni enfin préjudicier aux droits acquis aux créanciers et aux tiers acquéreurs.

En cédant à la voix de la philosophie et de l'humanité, nous avons évité le double inconvénient, ou d'aborder de trop près certaines idées d'immoralité, ou d'arrêter les dispositions qui pourraient porter atteinte aux propriétés et jeter le trouble dans les familles.

Voilà les considérations qui nous ont guidés dans le cours de notre travail; si nous sommes tombés dans quelques erreurs, qu'on nous les montre, nous sommes prêts à les abjurer.

Telles sont les bases des articles que votre comité de législation vous propose.

La Convention décrète ces articles pour faire partie du Code civil. En voici les principales dispositions :

Art. 1er. — Les enfants actuellement existants, nés de père et mère non engagés dans les liens du mariage, seront admis aux successions de leur père et mère, ouvertes depuis le 14 juillet 1789.

Art. 2. — Leurs droits de successibilité sont les mêmes que ceux des enfants légitimes, excepté pour les parents collatéraux.

Art. 3. — Ils ne pourront néanmoins déranger, de leur chef, les partages faits; mais ils prendront leur portion sur les lots existants.

Art. 4. — Si le père ou la mère de l'enfant né hors le mariage a transmis ses biens, en tout ou en partie, soit *ab intestat*, soit par disposition, à des parents collatéraux ou à des étrangers, ceux-ci, lors de la remise qu'ils feront à l'enfant né hors le mariage, pourront retenir le sixième de ce qui leur est échu ou de ce qui leur a été donné.

Art. 5. — Les enfants nés hors du mariage seront tenus de s'en rapporter à l'inventaire qui en aura été dressé à la mort de leurs pères et mères. Ils ne pourront exiger les fruits perçus par les héritiers antérieurs.

Art. 6. — Pour être admis à l'exercice des droits ci-dessus, les enfants nés hors le mariage seront tenus de prouver la possession d'état, qui ne pourra résulter que de la représentation d'écrits publics ou privés du père ou de la mère décédé, ou de celui dont on poursuivra la succession, où de la suite des soins donnés à leur entretien particulier.

12 brumaire an II (2 novembre 1793). — Décret relatif aux droits des enfants nés hors du mariage. (L. 16, 385; B. 36, 114; *Mon.* du 11 brumaire an II, rapp. Cambacérès.)

Art. 1er.— Les enfants actuellement existants, nés hors du mariage, seront admis aux successions de leur père et mère, ouvertes depuis le 14 juillet 1789. Ils le seront également à celles qui s'ouvriront à l'avenir, sous la réserve portée par l'article 10 ci-après.

Art. 2. — Leurs droits de successibilité sont les mêmes que ceux des autres enfants.

Art. 3. — Ils ne pourront néanmoins déranger de leur chef les partages faits ; mais ils prendront leur portion sur les lots existants.

Art. 4. — Si le père ou la mère de l'enfant né hors du mariage a transmis ses biens, en tout ou en partie, soit *ab intestat*, soit par disposition, à des parents collatéraux ou à des étrangers, ceux-ci, lors de la remise qu'ils feront à l'enfant né hors du mariage, pourront retenir le sixième de ce qui leur est échu ou de ce qui leur a été donné.

Art. 5. — Dans tous les cas, les enfants nés hors du mariage seront tenus de recevoir les biens en l'état où ils se trouveront, à compter de ce jour, et de s'en rapporter, sur la consistance de ces biens, à l'inventaire qui aura été dressé à la mort de leur père ou mère.

Art. 6. — Les héritiers directs ou collatéraux qui ne pourront pas représenter en nature les effets et biens compris dans l'inventaire feront état aux enfants nés hors du mariage du prix qu'ils en ont tiré, ou de leur valeur du temps de la mort de leur père ou mère.

De leur côté, les enfants nés hors du mariage feront état aux héritiers directs ou collatéraux des impenses utiles ou nécessaires que ceux-ci ont faites dans les biens, et ils rapporteront aux héritiers directs ce qui leur a été donné par leur père ou mère, les fruits et revenus exceptés.

Art. 7. — Les enfants nés hors du mariage ne pourront exiger la restitution des fruits perçus, ni préjudicier aux droits acquis, soit à des tiers possesseurs, soit à des créanciers hypothécaires ou autres, ayant titre authentique avant le 1er brumaire courant.

Art. 8. — Pour être admis à l'exercice des droits ci-dessus, dans la succession de leur père décédé, les enfants nés hors du mariage seront tenus de prouver leur possession d'état. Cette preuve ne pourra résulter que de la représentation d'écrits publics ou privés du père, ou de la suite des soins donnés, à titre de paternité et sans interruption, tant à leur entretien qu'à leur éducation.

La même disposition aura lieu pour la succession de la mère.

Art. 9. — Les enfants nés hors du mariage, dont la filiation sera prouvée de la manière qui vient d'être déterminée, ne pourront prétendre aucun droit dans les successions de leurs parents collatéraux, ouvertes depuis le 14 juillet 1789.

Mais, à compter de ce jour, il y aura successibilité réciproque entre eux et leurs parents collatéraux, à défaut d'héritiers directs.

Art. 10.— A l'égard des enfants nés hors du mariage, dont le père et la mère seront encore existants lors de la promulgation du Code civil, leur état et leurs droits

seront en tout point réglés par les dispositions du
Code.

Art. 11. — Néanmoins, en cas de mort de la mère
avant la publication du Code, la reconnaissance du père,
faite devant un officier public, suffira pour constater à
son égard l'état de l'enfant né hors du mariage et le
rendre habile à lui succéder.

Art. 12. — Il en sera de même dans le cas où la mère
serait absente, ou dans l'impossibilité de confirmer, par
son aveu, la reconnaissance du père.

Art. 13. — Sont exceptés ceux de ces enfants dont le
père ou la mère était, lors de leur naissance, engagé
dans les liens du mariage.

Il leur sera seulement accordé, à titre d'aliments, le
tiers en propriété de la portion à laquelle ils auraient
droit s'ils étaient nés dans le mariage.

Art. 14. — Néanmoins, s'il s'agit de la succession de
personnes séparées de corps par jugement ou acte authentique, leurs enfants nés hors du mariage exerceront tous
les droits de successibilité énoncés dans l'article 1er,
pourvu que leur naissance soit postérieure à la demande
en séparation. .

Art. 15. — A l'égard des enfants nés hors du mariage,
qui sont en instance avec des héritiers directs ou colla-

téraux, pour la succession de leur père ou de leur mère, ouverte avant le 14 juillet 1789, et dont les réclamations n'auraient pas été terminées par jugement en dernier ressort, il leur sera accordé le tiers de la portion qu'ils auraient eue s'ils étaient nés dans le mariage.

Art. 16. — Les enfants et descendants d'enfants nés hors du mariage représenteront leurs père et mère dans l'exercice des droits que la présente loi leur attribue.

Art. 17. — Tous procès actuellement existants entre des enfants nés hors du mariage et les héritiers directs ou collatéraux de leur père ou de leur mère sont et demeurent anéantis.

Art. 18. — Des arbitres choisis par les parties, ou, à leur refus, par le juge de paix du lieu de l'ouverture de la succession, termineront toutes les contestations qui pourront s'élever sur l'exécution de la présente loi, notamment dans le cas où il n'aurait pas été fait inventaire à la mort du père ou de la mère des enfants nés hors du mariage.

En aucun cas, les jugements de ces arbitres ne seront sujets à l'appel.

Art. 19. — La Convention nationale déclare communs aux enfants nés hors du mariage, dont la filiation sera

prouvée de la manière déterminée par l'article 8, les secours décrétés en faveur des enfants des défenseurs de la
patrie.

PROCÈS-VERBAL DU CONSEIL D'ÉTAT

Séance du 26 brumaire an X, 17 novembre 1801.

La section 2 du chapitre III, intitulée *De la reconnaissance des enfants nés hors mariage*, est soumise à
la discussion.

L'article 6, qui est le premier de cette section, est dis-
cuté.

Le consul Cambacérès dit que l'exclusion de la recherche de la paternité non avouée est sans difficulté
lorsqu'il n'existe que le seul fait de grossesse, mais qu'il
est impossible de ne pas faire une exception à ce principe
lorsque le fait de la grossesse est accompagné de circonstances aggravantes, telles que le viol et le rapt. La section paraît elle-même l'avoir reconnu dans l'article 34
du projet. Il serait en effet immoral qu'un ravisseur contre lequel la paternité aurait été prouvée, à l'effet de le
faire condamner à des dommages-intérêts, ne fût pas réputé
le père de l'enfant envers lequel il aurait été condamné;

cependant cet inconvénient serait inévitable, si le ravisseur pouvait opposer un principe général et non susceptible d'exceptions. Le consul rappelle qu'il a lui-même proposé une disposition semblable à celle de l'article 6, que les circonstances étaient différentes : alors la législation donnait aux enfants naturels à peu près les mêmes avantages qu'aux enfants légitimes. Il fallait donc multiplier les précautions contre l'abus de la maxime *Creditur virgini;* et cependant le législateur s'était réservé de faire des exceptions pour les cas de circonstances aggravantes ; il était nécessaire surtout d'empêcher qu'une fille ne vînt, par une fausse déclaration, assurer à un enfant la succession de celui qui n'en était pas le père. Le même inconvénient n'existe plus aujourd'hui, puisque probablement on n'accordera pas aux enfants naturels les avantages que leur donnait la législation précédente.

Le consul propose en conséquence de réduire la disposition au seul cas de grossesse simple.

M. Boulay fait observer que le consul Cambacérès ne conteste pas le principe de l'article. La section avait cru qu'il ne devrait pas souffrir d'exception, afin qu'il ne fût jamais éludé.

Ainsi, si l'on croit que les exceptions soient nécessaires, il faut du moins les faire résulter de faits clairs et simples, tels, par exemple, que le rapt.

Le consul Cambacérès dit qu'on pourrait diriger l'article dans ce sens : « La loi n'admet pas la recherche de la paternité pour le fait de grossesse, » ou « la loi n'admet la recherche de la paternité que lorsqu'il y a des faits graves, tels que le rapt et le viol. »

M. Boulay craint qu'une fille ne se procure trop facilement des témoins pour constater le viol ; il voudrait, en conséquence, que l'action en déclaration de paternité ne pût être fondée que sur un jugement qui aurait déclaré coupable de viol ou de rapt celui contre lequel elle serait dirigée.

Le consul Cambacérès dit que cette opinion est la sienne, et que sa proposition tend précisément à empêcher que les juges ne soient embarrassés, dans le cas où il serait intervenu une condamnation.

M. Tronchet dit que, pour se décider avec une entière connaissance, il convient d'avoir présents les motifs de la règle proposée. Autrefois une fille était libre de diriger sa déclaration contre qui elle voulait ; et ordinairement parmi les personnes qui l'avaient fréquentée elle choisissait le plus riche pour le faire déclarer père de son enfant. Cette manœuvre était presque toujours heureuse, puisqu'il suffisait, pour faire prononcer la paternité, que la fille prouvât qu'il y avait eu fréquentation. Cependant, dans la vérité, il restait des doutes sur la qualité exclusive du père ; et indépendamment du danger d'admettre une preuve aussi incertaine que la preuve testimoniale, c'était donner trop de poids à la déclaration de la fille. La règle qu'on propose est donc utile en soi puisqu'elle

détruit ces abus; mais faut-il la modifier par des exceptions? Oui, sans doute, mais seulement lorsqu'il y a viol
ou rapt; car on affaiblirait trop le principe, et l'on donne-
rait trop à l'arbitraire des juges, si l'on se bornait à dire
généralement qu'il doit être modifié pour des cas graves.
On pourrait donc rédiger ainsi : « La loi n'admet point
la recherche de la paternité non avouée, sauf les exceptions ci-après. » Un article postérieur précisera les exceptions.

Le consul Cambacérès adopte cette idée. Ce qui a déterminé sa proposition, c'est qu'il a été frappé de la contradiction qu'il y aurait à ne pas regarder comme père de
l'enfant, et à ne pas soumettre aux charges que cette qualité donne, celui que l'article 14 soumet en cette même
qualité à des dommages et intérêts.

M. Defermon demande si aucuns dommages et inté-
térêts ne seront dus ni à la femme, ni à l'enfant, lorsqu'il n'y aura pas de rapt. Il lui semble que, s'il est juste
d'interdire la reconnaissance forcée de l'enfant, il ne l'est
pas toujours de dispenser de l'obligation des dommages
et intérêts.

Le principal motif de prohiber la recherche de la paternité est d'empêcher que les obligations de père naturel ne pèsent exclusivement sur un seul, lorsque la
mère de l'enfant a eu commerce avec plusieurs. Ce motif
est juste; mais il n'est pas également juste de refuser
dans tous les cas l'action en dommages et intérêts. Une

fille bien née peut avoir une faiblesse; elle peut avoir succombé à la séduction; l'équité permet-elle de la laisser sans secours? Cependant les articles 6 et 14 produiraient cet effet.

M. Boulay dit que si l'on donne une si grande latitude aux exceptions, on anéantit la règle elle-même; car il existera peu de cas où elle puisse avoir son application.

M. Thibaudeau fait observer que M. Defermon s'est placé dans l'hypothèse la plus favorable, et que, si l'on raisonnait dans cette hypothèse, la règle devrait être rejetée. Mais les exemples contraires étant les plus fréquents, il en résulte que, pour accorder à quelques cas particuliers la faveur qu'ils méritent, on exposerait les gens de bien à devenir les victimes des prétentions de la première prostituée. L'usage de cette action était autrefois scandaleux et arbitraire : les lois qui y ont mis un terme ont servi les mœurs.

M. Malleville dit qu'en effet, depuis ces lois, les tribunaux ne voient plus former des demandes en dommages-intérêts pour raison de paternité; mais il n'est pas constant que les filles soient devenues plus chastes; qu'au surplus, la règle proposée dans l'article en discussion lui paraît juste; mais que les exceptions, dans la preuve du rapt ou du viol, ne le sont pas moins.

L'article est adopté.

La question de savoir s'il sera modifié par des exceptions est mise en délibération.

Le premier consul dit que les exceptions, en cas de rapt et de viol, obligeraient celui qui serait attaqué à reconnaître un enfant malgré lui. Cette reconnaissance forcée est contre les principes. *La loi doit punir l'individu qui s'est rendu coupable de viol; mais elle ne doit pas aller plus loin.*

Le consul Cambacérès pense que l'individu condamné à des dommages et intérêts doit être soumis aux devoirs de la paternité naturelle.

Le premier consul dit que, si la paternité pouvait être prouvée, il faudrait même le forcer à épouser la mère; mais que cette preuve est impossible.

Le consul Cambacérès réplique qu'il y aurait sans doute plus de difficultés, si les enfants naturels avaient encore les droits étendus que leur avait attribués la Convention nationale, mais que leurs droits se bornent aujourd'hui à de simples aliments.

Le premier consul dit que le crime d'avoir démoralisé la mère de l'enfant doit être réparé par une condamnation pécuniaire; mais qu'il ne doit pas attribuer au coupable un enfant dont il peut ne pas se croire le père.

L'intérêt de la société pourrait faire admettre la maxime contraire, si elle devait produire des enfants légitimes; *mais la société n'a pas intérêt à ce que des bâtards soient reconnus.*

Le conseil adopte en principe que l'article 6 ne recevra pas d'exception.

LETTRE D'ENVOI

A l'auteur de la note sur les enfants naturels non reconnus émanée du ministère de l'agriculture, du Commerce et des travaux publics.

Paris, le 15 avril 1865.

« Monsieur,

« En réponse à la lettre que vous m'avez fait l'honneur de m'adresser le 8 de ce mois, je m'empresse de vous transmettre ci-joint une note indiquant, pour les années 1858, 1859 et 1860, le nombre total des enfants naturels non reconnus en France.

« J'ai le regret de ne pouvoir vous communiquer les autres renseignements dont vous me faites la demande, mon administration, qui seule reçoit les relevés annuels de l'état civil, n'en ayant pas les éléments.

« Recevez, etc.

« *Le ministre de l'agriculture, du commerce et des travaux publics.* »

Signé : ARMAND BÉHIC.

La proportion des enfants non reconnus sur 100 enfants naturels a été :

En 1858, de	68.37	Moyenne.
En 1859, de	70.40	68.77
En 1860, de	67.50	

Cette proportion se maintient au même taux dans les deux années suivantes.

On manque de détails précis pour les années antérieures.

Ces rapports résultent des chiffres suivants :

	Naissances totales.	Enfants naturels.	Enfants naturels non reconnus.
1858	969,343	74,633	51,021
1859	1,017,896	80,409	56.64?
1860	956,875	69,207	49,049

EXTRAIT

Du livre de M. Remacle sur les enfants trouvés.

« On a souvent répété, dans ces dernières années, que le service intérieur des hospices s'était amélioré; que les enfants y mouraient en moins grand nombre, de même que chez les nourrices; que la différence entre ceux qui

étaient conservés aujourd'hui, et le petit nombre qui
échappait à la mort il y a cinquante ans, était énorme.
Quelque graves que soient les autorités sur lesquelles
s'appuient ces affirmations, nous n'avons pu y voir que
des illusions généreuses, inspirées par un désir que tout
le monde ressent. Le fait contraire est établi par des
preuves irrécusables.

« Nous avons constaté, d'après M. Raulin et les auteurs
du mémoire présenté aux procureurs de Provence, que
la mortalité dans les hospices d'enfants trouvés était
moindre avant 1780 qu'elle ne l'a été depuis et qu'elle
ne l'est encore, soit qu'on la considère dans la première
année qui suit l'abandon, soit qu'on ne veuille la voir
que répartie sur tous les âges. La différence dans les
deux cas est très-sensible : nous l'avons trouvée de 16
sur 100 pour la première période de l'enfance; et elle
peut être évaluée à un tiers au moins pour la période
entière de l'éducation.

« Un petit nombre de villes sont parvenues à opérer des
réductions. A Paris, la moyenne annuelle des décès pour
le premier âge, qui était de 80 sur 100 sur tous les enfants, est descendue à 74 de 1816 à 1820, parmi les
enfants placés à la campagne, et elle n'est aujourd'hui
que de 66. A l'hospice de Lyon, la mortalité, qui était
de 1 sur 5 en 1801, a été successivement réduite à 1 sur
7 en 1810, à 1 sur 9, 10, 11, 12, 13, 14, de 1820
à 1836.

« Mais ce ne sont là que des exceptions. Si, de ces villes favorisées, la vue s'étend sur le reste du royaume, au lieu des améliorations annoncées, c'est une détérioration flagrante qu'elle découvre, et la tendance qui se manifeste devient un sujet de crainte plutôt que d'espérance. La mortalité des enfants trouvés dans le premier âge, qui n'était que de 57,63 sur 100 en 1821, d'après M. Benaiston de Châteauneuf, a été reconnue de 59,03 sur 100 de 1824 à 1833. Celle des différents âges, qui était de 1 sur 7,83 en 1824, a été de 1 sur 7,35 en 1835. »

M. Remacle, examinant le sort des enfants trouvés, se demande si la législation actuelle est suffisante ; il répond en ces termes :

« Nous ne parlons pas des enfants infirmes ou autres qui sont retenus dans les hospices ; ils n'y restent que par exception, à raison de leur état ou de l'impossibilité où l'on est de les placer actuellement ailleurs. Nous nous occupons du grand nombre, de l'ensemble des enfants recueillis : qu'est-ce que la législation fait pour leur éducation ?

« Confiés à des nourrices dès l'âge le plus tendre, ils sont mis en pension chez des cultivateurs ou des artisans, depuis six ans jusqu'à douze. A douze ans, ils entrent en apprentissage et peuvent y être retenus jusqu'à vingt-

cinq. Nous cherchons, dans ce long intervalle, où se
place l'instruction morale et religieuse, en quoi elle consiste, par qui elle est répartie : en vérité nous ne le
voyons pas.

« Un règlement porte que nul enfant ne doit sortir de
l'hospice sans savoir lire, écrire, compter, et sans avoir
reçu les principes de la religion catholique. Il suppose
que les enfants passeront au moins quelques années dans
l'établissement, et, d'après la loi, ils ne doivent que le
traverser deux ou trois fois dans leur vie en changeant de
maîtres.

« Revenons sur chacune des positions qu'ils occupent
après l'âge où ils peuvent être employés à un travail utile,
et consultons attentivement tous leurs progrès.

« Ils sont d'abord entre les mains de cultivateurs qui
les emploient à la garde du bétail ou à d'autres usages
domestiques, quand ils ne les font pas mendier. Bien
jeunes encore, ils gagnent à la sueur de leur front le
morceau de pain qu'ils reçoivent, en butte aux brutalités
de leurs maîtres, bien plus que l'objet de leurs attentions.
Ne nous hâtons pas de les plaindre : la vie qui se prépare
pour eux sera dure, et ils ont besoin de s'y faire. Mais
cette ignorance profonde dans laquelle ils ont vécu jusque là, est-ce à la suite d'un troupeau ou auprès de
nourriciers aussi ignorants qu'eux qu'ils en sortiront?
Qu'on vante la pureté des mœurs des campagnes, le
bonheur dont les enfants y jouissent, la facilité qu'ils y

trouvent de cacher la honte de leur naissance ; nous consentirons à ne rien rabattre de ces tableaux flattés ; mais nous nous demanderons : où est pour la société la garantie qu'ils y apprendront à chercher dans la vie autre chose que leur bien-être personnel, à ne pas se venger sur elle de la pénurie à laquelle plusieurs d'entre eux seront condamnés ; en un mot, à puiser dans de saines doctrines la conscience de leurs devoirs envers Dieu et envers elle? Et si cette garantie ne consiste que dans les promesses intéressées de leurs nourriciers, nous dirons que le système est vicieux et qu'il faut le changer.

« Dans les douze mille enfants placés à la campagne par les hospices de Paris en 1821, il ne s'en trouva que quinze cents qui apprissent à lire et à écrire. Cependant la connaissance de ces éléments devant les rendre plus utiles à leurs maîtres, ceux-ci étaient intéressés à la leur donner. Si les inspecteurs eussent recherché combien, parmi ces malheureux, savaient leur catéchisme, nous craignons que le nombre n'en eût été trouvé encore plus restreint.

« Mais, dit-on, les enfants des pauvres sont dans la même position ; ce qu'ils savent, l'enfant trouvé l'apprend avec eux ; ce qu'ils ignorent il l'ignore ; pourquoi lui faire de son origine un titre de faveur? Nous ne réclamons pas de faveur, mais nous voulons qu'on remplisse envers lui un devoir. L'instruction à donner aux enfants est une obligation pour la société comme pour les fa-

milles pauvres ; si celles-ci la négligent, la société doit-
elle la négliger à leur exemple ? et si elles ne peuvent la
remplir, la société a-t-elle la même excuse ?

« Mais peut-être l'extrême jeunesse des enfants a-
t-elle permis jusqu'ici d'attendre : nous les avons vus en
pension, nous allons les suivre en apprentissage.

« L'apprentissage d'un métier a été partout le complé-
ment des soins donnés aux enfants trouvés, mais il n'a
pas toujours été entendu de la même manière. Les an-
ciens règlements portaient : L'enfant recevra un état ; il
ne sortira de la maison que lorsqu'il sera capable de
gagner sa vie.

« Les nouveaux disent : L'enfant sera mis en apprentissage à douze ans ; il restera placé sous la tutelle des
commissions administratives jusqu'à sa majorité. Ce n'est
pas la même chose. Un contrat d'apprentissage n'est pas
un état, et retenir des enfants sous les yeux de leurs
protecteurs naturels, jusqu'à ce qu'ils puissent se suffire à
eux-mêmes, vaut mieux apparemment que de les éloigner
de si bonne heure sous la promesse d'une protection illu-
soire.

« Nous retirons de pension, à l'âge de dix ou douze
ans, des enfants qui, sous le rapport intellectuel et moral,
sont dans un état d'abandonnement complet. Nous les
livrons en cet état à des artisans qui doivent leur ap-
prendre le mécanisme et la pratique de leur art, et à qui,
pour prix de ce service, nous engageons leur travail

pendant un temps ordinairement très-long. Or, voici ce
qui arrive.

« Si les enfants sont intelligents et laborieux, un profit
hors de proportion avec le bienfait est assuré aux maîtres ; s'ils sont incapables, insoumis ou maladifs, les
maîtres se dégagent de leurs obligations en les renvoyant,
et l'administration n'essaye pas, ou essaye vainement de
les forcer à les remplir, parce que les soins sans lesquels
il n'y a pas d'enseignement ne se commandent pas.
Toutes les chances favorables du contrat d'apprentissage
sont donc pour le maître, et la société n'est jamais as-
surée, quelques précautions qui aient été prises, que les
enfants dont elle a la charge auront une profession.

« Dans la supposition la plus favorable, celle où le
maître et ses élèves se comprennent et se secondent mu-
tuellement, le trop grand avantage du maître est assurément le moindre des inconvénients. Les enfants se
vouent, pendant le nombre d'années déterminé, à l'exercice de leur profession ; ils arrivent à l'âge de vingt et un
ans ou de vingt-cinq ans ; ils sont en état de gagner leur
vie ; mais hors de là ils ne savent rien. Les passions et
l'exemple d'autrui ont déterminé en eux des penchants
vicieux, et ils n'ont appris à les combattre qu'en s'y li-
vrant.

« L'idée du devoir n'existe pas pour leur intelligence ;
ils ont les moyens de vivre, mais ils n'ont pas ceux d'être
hommes de bien ; et si la société n'a pas à nourrir en eux

des vagabonds et des mendiants, elle aura à surveiller leurs fraudes et peut-être à punir leurs forfaits. Et ce sont là les plus favorisés! Les autres n'ont ni les moyens de bien faire ni les moyens de vivre. Le but de l'institution est-il rempli? Qui osera le dire?

« Se reposer sur des gens ignorants des soins d'une éducation dont ils n'ont pas la notion; faire passer les enfants d'une famille pauvre dans une famille plus pauvre encore, pour les former le plus économiquement possible à un travail grossier, souvent insuffisant à leur assurer du pain; les éloigner avec soin des hospices, où il serait si facile de leur donner l'instruction religieuse, dans la seule vue d'éviter la dépense des journées de présence; voilà le système recommandé par le décret de 1811. Il ne peut donner à l'État ni ouvriers laborieux, ni bons citoyens, ni utiles chefs de famille.

« Il faut pourtant que l'on y songe : il y a longtemps que les adversaires des établissements d'enfants trouvés ont reproché à la société de s'épuiser d'efforts en leur faveur, pour n'arriver en définitive qu'à peupler les lieux de prostitution et les bagnes. Sur quatre prostituées, à Paris, il y en a au moins une qui appartient à la classe des enfants naturels; parmi les condamnés des assises, il y en a bon nombre aussi. Nous ne voulons pas ajouter à l'injustice des accusations, en déterminant au hasard la part des hospices dans ce résultat. Il est malheureusement vrai qu'ils n'y sont pas étrangers. Un système qui sem-

ble venir en aide au crime est bien près d'être condamné ;
il n'est pas même nécessaire d'approfondir ses apparences : la confiance publique se retire de lui. Il faut
qu'il change. »

EXTRAIT

*D'un rapport de M. de Bondy, préfet de la Seine,
cité par M. Remacle.*

« Je suis convaincu que si l'on recherchait l'origine
de tant de jeunes vagabonds qui se présentent fréquem-
ment dans les préfectures pour y obtenir des secours de
route, c'est-à-dire le moyen d'errer en France sans but
et sans espoir déterminé, il se trouverait qu'un fort grand
nombre d'entre eux sont des enfants trouvés dont se
débarrassent ou s'inquiètent peu leurs hospices respec-
tifs, parce qu'ils ont atteint l'âge passé lequel les pen-
sions cessent d'être payées. »

NOTE

Rédigée d'après Parent-Duchâtelet.

Parent-Duchâtelet, dans son livre sur *la Prostitution dans la ville de Paris*, examine s'il est vrai qu'un grand nombre de prostituées sortent des hospices d'enfants trouvés. Il assure que sur 1,183 filles nées à Paris, et sur l'origine desquelles on a pu avoir des renseignements, il s'en trouve 946 nées de légitime mariage, 119 naturelles, 118 naturelles, mais reconnues; en tout, 237 naturelles, ou 1 sur 3,99 légitimes. Ainsi, le quart de ces malheureuses appartient à la classe des enfants naturels.

Toutes ne sortent pas de l'hospice de Paris. En quatre ou cinq ans, on n'a pu constater l'existence, parmi les prostituées de Paris, que de 41 enfants élevées par l'hospice de cette ville; 28 affirmaient qu'elles étaient de Paris et prouvaient qu'elles y avaient toujours demeuré, mais étaient dans l'impossibilité de donner aucune indication de leur origine. Ce nombre serait beaucoup plus grand sans les précautions prises pour les réduire.

Lorsqu'une fille mineure vient se présenter à l'enreıstrement des prostituées, si le certificat d'origine qu'elle est obligée de fournir fait connaître qu'elle sort de l'hospice, on en avertit l'administration chargée de la tutelle de ces enfants. Les administrateurs décident s'il y a lieu de poursuivre auprès du président du tribunal la mise en correction.

Le nombre de ces mauvais sujets est de 8 à 10 par années, ou 1 sur 50, ou 6 filles qui sortent de l'établissement. Peu sont corrigées. La mise en correction est employée plutôt comme devant inspirer une crainte salutaire aux autres que comme moyen d'amélioration pour celles qui sont perdues.

On n'a pas cherché jusqu'ici à connaître dans quelle proportion le vagabondage amène dans la capitale des filles sorties des hospices des départements.

———

EXTRAIT

Du rapport sur le service des enfants assistés du département de la Seine pendant l'année 1863.

« Le nombre des pupilles de l'administration, qui en 1863 ont concouru au tirage au sort, a été de 347.

« 135 ont été déclarés impropres au service pour cause d'infirmités ; ce qui donne une proportion de **35.53** p. 100 sur le nombre des élèves qui faisaient partie de la classe de 1863.

Paris. — Imp. Poupart-Davyl et Comp., rue du Bac, 39.

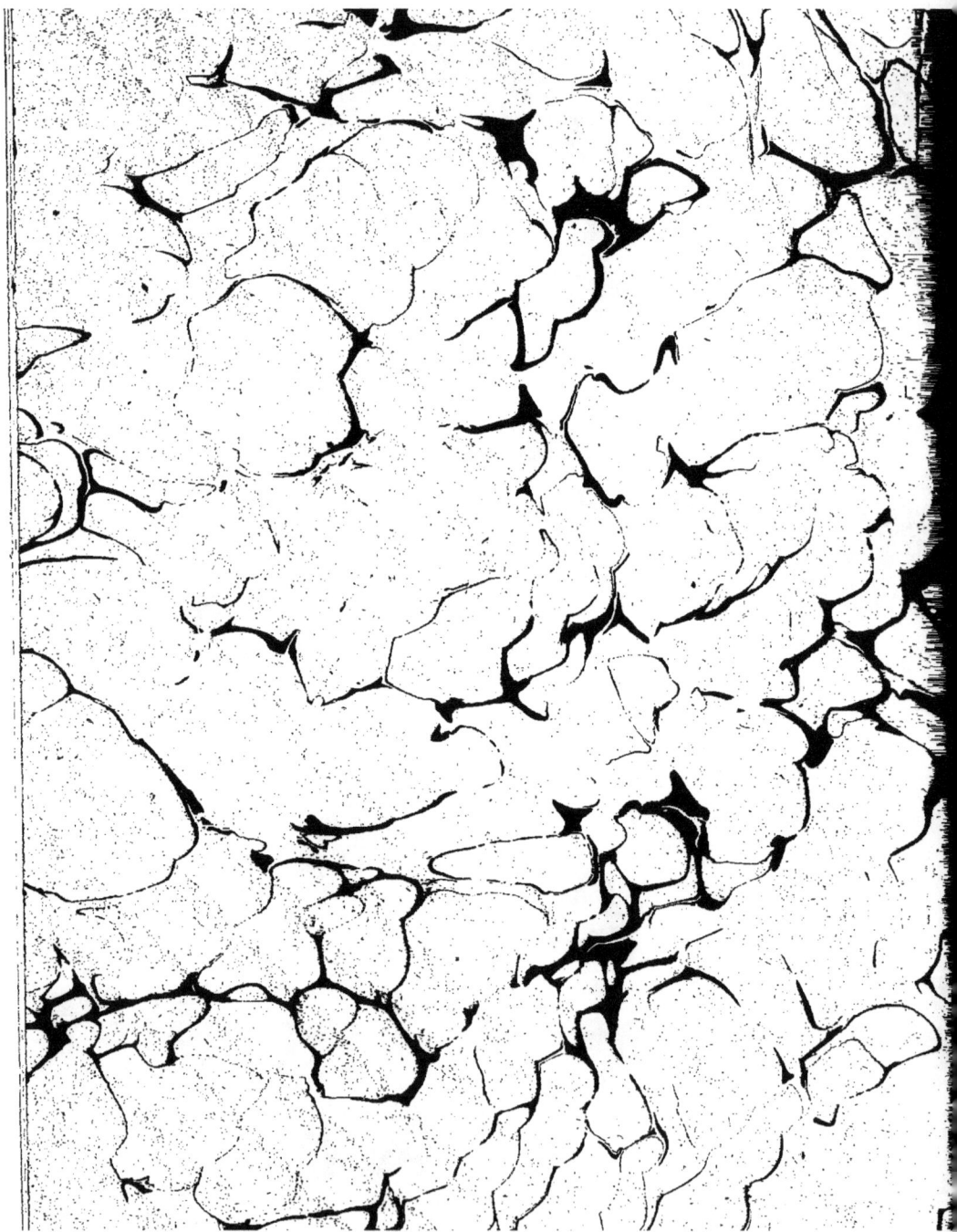

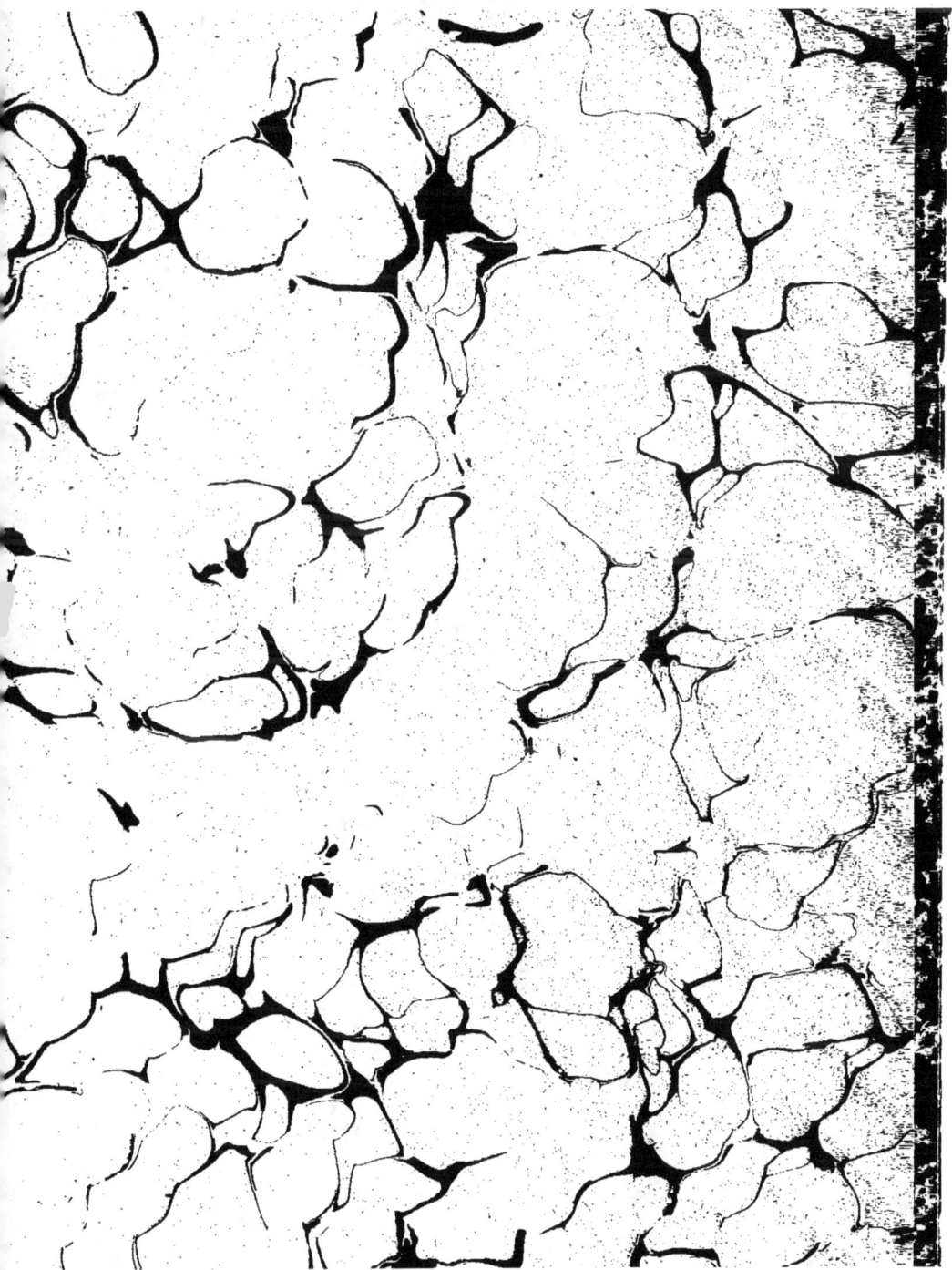

www.ingramcontent.com/pod-product-compliance
Lightning Source LLC
Chambersburg PA
CBHW072349200326
41519CB00015B/3711